OHSAMA BUNKO

心が「ほっ」とする
ほとけさまの50の話

岡本一志

三笠書房

はじめに……大切なことは、こんなにシンプル
――心がふわり、軽くなる〝幸せへの近道〟

毎日、いろいろなことがあります。

私たちの人生には、懸命に生きていても、時に驚かされるようなことや、悩まされるようなことがやってきます。

生きるということは、それだけで大変なこと。

仕事、生活、人づきあい。

そして自分のこと、家の中のこと、将来のこと――。

みんな思い通りにいけばいいけれど、なかなかそうはいきません。

そんな私たちの悩みや心の問題に、答えを示してくれるのが、**今から2600年前に、ほとけさま――お釈迦さまが説《と》かれた教え**です。

お釈迦さまは、35歳で悟りをひらかれてから、80歳でお亡くなりになるまでの**45年間、悩みや苦しみをしずめ、人生を明るく楽しく渡っていくための道筋を、**私たちに示されました。

これはまた、どのような状況・境遇におかれていても、幸せに生きるためのヒントともいえるでしょう。

その教えは、とても分かりやすく、実践しやすいもの。

「大切なのは、こんなにシンプルなことなんだ」
「ありのままの自分で、だいじょうぶなんだ」
「幸せになるための方法って、難しいことじゃないんだ」
と、ほっと安心できることばかり。

本書を、お釈迦さまによるカウンセリング、お悩み相談室に来たような気持ちで、読んでみてください。

周りの人との関係に、悩んでいる。

なんだかイライラしたり、寂しかったりする。

もっと自分を好きになって、やりたいことをしたい。

毎日をもっと、充実した豊かなものにしたい。

そんなとき、この本のページをめくると、**自然に気持ちが整理され、心にかかったもやが晴れ、よりよい人生を歩むための道筋が見えてくるはずです。**

岡本一志

もくじ

1章 心が「ほっ」と前向きになれるお話

2章 スーッと〝気持ちの整理〟ができるお話

3章 大切な「あの人」と、もっと心が通い合うお話

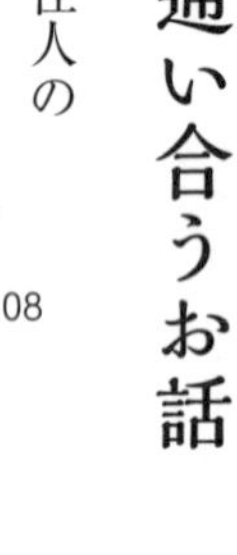

4章 不安・イライラ――ざわつく心が静かになるお話

5章 毎日、小さなことから……「いいこと」を引き寄せるお話

6章 「今、この人生」の素晴らしさに気づくお話

イラスト：石川恭子

1章

心が「ほっ」と前向きになれるお話

どんな日だって、かならず「素晴らしい1日」にすることができます

私たちは不安になると、根拠のないことでも何かにすがりたくなります。溺《おぼ》れる者はワラにもすがるというように、苦しいと、根っこがなく自分を支えてくれないものにも、すがりたくなってしまいます。

しかし、ワラにすがっても、ワラと一緒に沈んでいくだけ。

お釈迦さまは、根拠のないことをどれだけ信じても、不安はなくなりませんよと教えられ、いつでもどこでも変わらない道理を教えていかれました。

たとえば、世間一般では、「大安《たいあん》」とか「仏滅《ぶつめつ》」といって、「大安」はよいこと

が起きる日、「仏滅」は悪いことが起きる日だといわれています。

「仏滅」というと仏教に由来するように思うかもしれませんが、実は、仏教とはなんの関係もなく、後世に作られた占いのようなものです。

他にも厄年《やくどし》だとか大殺界《だいさつかい》の時期には、よくないことが起きると信じている人もいますね。


ところが、お釈迦さまは、このような日に〝いい悪い〟が決まっているという考えを、

「私の教えの中に吉日良辰《きちじつりょうしん》を選ぶことはない」

と否定していかれました。


「吉日良辰」とは、「よい日」ということです。

私の教え（仏教）では、「よい日」を選ばない、と断言されているのです。

つまり、「この日はいい日」「この日は悪い日」と決めるのは間違いですよ、と

お釈迦さまは教えられたのだと分かります。

確かに少し考えてみれば、あらかじめ、この日はいい日、悪い日というのが決まっていると考えるのは、おかしなことだと気がつきますね。

「大安」に結婚したことによって、その後の夫婦生活がかならず円満なものになるわけではありません。

受験日が「仏滅」でも、合格する人がいれば、不合格になる人もいますよね。同じ日であっても、よい日になるか、悪い日になるかは人それぞれです。

では、その日がよい日になるか、悪い日になるかは、何が決めるのでしょうか？

お釈迦さまは、その人自身の心がけや行ないが、よい日、悪い日を決めるのだよと教えられています。

あなたが、精一杯、よい行ないの〝タネまき〟を心がければ、その日が仏滅でも、友引でも、かならず素晴らしい日になります。

失敗したりつらいことがあったりしても、それを受け止め、深く反省して、次に活かす。

そうすることができれば、つらいと思った日々も、自分を大きく成長させてくれた日々ということになるでしょう。

「日々是好日《にちにちこれこうにち》」という禅語もあります。

毎日がよい日であり、どんな日もかけがえのない1日なのです。

日にいい、悪いは決まっていません。

どんな日であっても、あなた次第で、好日（素晴らしい日）にすることができるのです。

「運が悪い」「ついてない」ことなんて、本当にあるでしょうか？

思い通りにいかないことが続くと、「運が悪いな」とか「最近、ついていないな」と思ったり、友人が、仕事や恋愛でうまくいっているのを見ると、「あの子は、すごく恵まれてるな」と思ったりしてしまうもの。

「自分は運が悪いし」「ついていないし」と、なんでも運のせいにしてしまって、自信をなくしてしまっている人がいます。

しかし、そもそも運とは一体、なんでしょうか？

「ついている、ついていない」といいますが、何がついている、ついていないのでしょうか？　改めて聞かれると、答えに困る人が多いのではないでしょうか。

「運」という言葉を辞書で引いてみると、「めぐりあわせ」のことだと書かれています。それでは、「めぐりあわせ」とはどういうことなのかを辞書で引くと、「運命」のことだと書かれていました。

そこで、「運命」とは一体どういうことなのかを辞書で引くと、運命とは、「運」のことであると書かれていました。

「運」↓「めぐりあわせ」↓「運命」↓「運」

これでは、単に言い換えているだけで、説明になってはいません。運という言葉を、みんなよくわからないまま使っているのです。

私たちが「運が悪い」とか、「ついていない」と思うのは、たいてい嫌なことや悪いことが起きたときです。よいことが起きたのに、運が悪いと思う人はいませんよね。

多くの人は、「運が悪いから、悪いことが起きた」と言います。
しかしそれは、実はその逆で、**「悪いことが起きたから、運が悪いと思った」**ということではないでしょうか。

「暑くなったから、アイスクリームが売れた」というのは誰でも納得できますが、「アイスクリームが売れたから、暑くなった」というのはおかしいでしょう。
「運が悪いから、悪いことが起きた」と思うのは、「アイスクリームが売れたから暑くなった」と考えるのと同じ、おかしな思い込みなのです。

お釈迦さまは、うまくいかないときは、運のせいにするのではなく、自分の行ないを振り返りなさいと教えられています。

初めから運の悪い人なんていません。
「運が悪いと思い込んでいる人」がいるだけなのです。

誰にどれだけ言ってもいい〝魔法の言葉〟

人を励ましたり、ほめるというのは、なかなか難しいことです。

「がんばれ」とか「がんばっているね」という言葉は、場合によっては、相手にプレッシャーを与えてしまうことがあります。

また、「○○さんは、仕事ができる人ですね」とか、「おしゃれですね」とほめても、状況を間違えると嫌味に聞こえかねませんし、「あなたに何が分かるの」と、かえって気分を害されてしまうこともあるでしょう。

しかし、**誰にどれだけ言っても、マイナスにならない言葉があります。**

それが、

「ありがとう」
という感謝の言葉です。

この「ありがとう」という言葉は、誰に対しても、どれだけ言っても、相手との関係をよくしてくれる言葉です。

お釈迦さまは「心施《しんせ》」を心がけなさい、と教えられました。

この心施とは、心からの感謝の言葉を伝えるということです。

仕事で上司にお世話になったとき、「ありがとうございました」とさわやかにお礼が言えると、上司も、「やっ

てよかったな」とうれしい気持ちになります。

上司からも部下のがんばりに対して、「○○君、いつもありがとう」と言うと、部下は「もっと、がんばろう」という気持ちになりますね。

「ありがとう」という言葉は、どんな立場の相手に言ってもOKな言葉なのです。

また、「ありがとう」は、日常のちょっとしたタイミングでも、言うことができます。

一緒に食事をしていて、相手がこちらのぶんの水もついでくれたとき、お箸《はし》をとってくれたときでも、「ありがとうございます」と言うことはできますね。

どんな小さなことにでも、気持ちよい感謝の言葉を言えると、この人は、礼儀正しく、誠実な人だなととても好感を持たれます。

自分のほうから心がけて、感謝の言葉を言っていくと、相手も、感謝の言葉で返してくれるようになります。

心理学には、「返報性《へんぽうせい》の原理」といわれるものがあります。

人には、自分のされたことをそのまま、相手に返そうとする心理傾向があるということです。


こちらが優しくボールを投げたら、相手も優しく返してくれるでしょう。

あの人にお世話になったから、今度は、何かでお返しをしよう。

この間、あの人に助けてもらったから、今度は、自分が助けてあげたいと誰しも思うものです。

相手が言うまでは自分は言わないというのではなく、ちょっとしたことでも、自分から、「ありがとう」と言っていく。

するとお互いの間に、感謝で結ばれた関係ができていくでしょう。

「ありがとう」という言葉は、どれだけ言っても言いすぎることはない、魔法の言葉なのです。

自分に優しくなれる、シンプルなコツがあります

失敗やミスをしたり、うまくいかないことがあったりすると、「どうして私はこんなにダメなんだ」と自分を責めて、落ち込んでしまうことがありませんか。しかし、何もかも全部がダメということはありません。たいていの場合、問題のある部分やダメな部分は、ごく一部なのです。

仏教には、「諦観《ていかん》」という教えがあります。

これは「あきらかに観《み》る」という意味で、「物事を正しく見なさい」ということです。

自分ができているところと、できていないところを正しく見る。

それができれば、自分はダメだと落ち込みすぎてしまうことはなくなります。

以前、精神科医の明橋大二《あけはしだいじ》先生と対談をしたときに、こんなお話を伺いました。

「一つうまくできないことがあると、自分は全部ダメなんだと思って、落ち込んでしまう人が増えている。そういう人は、自分を0点か、100点で評価してしまっている。

一つもできていない人なんていない。できている部分もあるはず。できていないところばかりに目を向けるのではなく、できているところもちゃんと見ていきましょうとアドバイスしています」

確かに、私に相談に来る方の中にも、何かうまくいかないことがあると必要以上に自分のせいにして、自分を責めて落ち込んでいる人がいます。

しかし、ほとんどすべての場合、全部がダメということはありません。問題のあるところは、ほんのわずかなのです。

ある女性の方から、こんな相談を受けました。

彼女は、仕事でのミスが続いていたようで、

「自分は何をやってもダメで失敗ばかりで、何もかもがうまくいかないんです」

と、かなり悲観的になっていました。しばらくお話を聞くと、大分落ち着いてこられたので、次のように聞いてみたのです。

「自分はダメだと何度もおっしゃっていますが、どういうところがダメだと思いますか」

するとその女性は、

「えーと、それは」

と返答に困ってしまいました。

「何もかもがダメな人なんていませんよ。

仕事の中でも、できているところもあるはずです。

落ち着いて、自分ができているところと、できていないところを考えましょう」

と言うと、少し冷静になった彼女は、

「私、いつも慌《あわ》ててしまって、きちんと確認せずに書類を出したり、上司に報告したりするものですから、やり直しになったり、訂正したりで……」

と答えてくれました。

「とっさに慌ててしまうんですね。それなら、そこだけ気をつければいいのではないですか。たとえば、これからは書類を出す前や、上司に報告する前は、かならず、その前に3回確認してみたらどうでしょう」

とアドバイスしました。すると、

「確かに、今まで『とにかく提出しないと』、とか、『とにかくすぐ報告しに行かないと』と思っていましたけど、3回確認ルールを実行したら、ミスが減りそうな気がします。やってみます」

と元気に答えてくれたのです。

この方は、自分の反省すべき点が分からず、むやみに自分を責めていました。ところが、「**全部でなくて、一部を反省すればいいんだ**」と気づくと、とてもラクになれたのです。


「分かる」とは、「分ける」ことです。

自分のできていることと、できていないこと。

改めるべきところと、そのままでいいところ。

それを「分ける」ことができて初めて、どこがまずかったのか、どこを直せばいいのかが「分かる」のです。


全部がダメな人なんて、この世に存在しません。

そのままでいいところが、ほとんどなのです。

改めるべきところと問題ないところがハッキリ分かれば、自分を責めて落ち込む必要はありません。自分を受け入れ、自分に優しくなることができるはずです。

「がんばれないかも」と感じたときに

「あきらめてはいけない、がんばることが大事なんだ」とよくいわれています。

確かに多くの場合、あきらめずにがんばることは、自分の夢の実現や成功に近づくことになりますから、よいことでしょう。

しかし、人間にはそれぞれ個性があり、得意、不得意があります。

ですから、がんばればできることと、がんばってもできないことがあります。

がんばればできることなら、あきらめてはもったいない。

けれど、できないことを無理してがんばり続けても、苦しいだけではないでしょうか。

「できることはできる、できないことはできない」と物事を正しく見ることが大事だと、お釈迦さまは教えています。

どうしてもこれ以上は難しい、自分には合わないとあきらかに見たのならば、それを認めることも、時には大切です。

こんな話があります。

ある医者の男が妻子をなくし、世をはかなんで、有名な僧侶に弟子入りを願い出ました。

僧侶は、その男にこう言いました。

「それでは、なんでも私の言うことが聞けるかな」

「はい、なんでも従います」

「よし、それじゃ、そこにある箒《ほうき》で庭を掃《は》きなさい」

男は素直に「はい」と答え、一心に庭を掃き続けました。

しかし、いつまで経っても、僧侶はやめろと言いません。

「まだ、掃くんでしょうか」

とたずねると、

「まだ分からんのか」

と怒鳴るだけ。

「何をだろう?」

男は深く考え込みますが、さっぱり分からない。

あたりはもう夕闇に包まれ、ついに男は精根《せいこん》尽き両手をついて、僧侶にたずねました。

「よいか。お前は精一杯掃き続けているが、掃いても掃いても、木の葉が落ちてきて、なくならないだろう。

お前が仏門に入って、心を浄《きよ》くしようと思うのも、同じことだ。

払っても払っても、欲や怒りの心は、尽きはしない。

それよりも、世を捨てた覚悟で、医療で他人を救うのだ」

と言ったといいます。

その男にとって、世を捨て悟りの道を求めるよりも、医者として多くの人を救うことが、仏の心にかなっていると、その僧侶は考えたのでしょう。

だから、できないことをできないと分からせて、その男の長所を最も活かせる道を示したのです。

人にはそれぞれ、できることとできないことがあります。

仏教では、

「できるのに、できないと投げ出してしまうのは、『懈怠《けたい》』といい、怠《なま》けである。だが、できないことをできないとあきらかに見ることは『諦観』といい、賢明なことなのだ」

と教えています。

物事をあきらかに見て、できることなら、全力で前進する。

できないことなら、それは潔《いさぎよ》くやめて、別の道を模索すればいい。
「やめてはいけない」と固執《こしつ》する必要はありません。
できないことはできないと正しく見て、柔軟に対応していくことが大事です。

「もったいない」の語源が教えてくれること

ノーベル平和賞を受賞した環境保護活動家・故ワンガリ・マータイさんは、日本に「もったいない」という考え方があることを知り感激したといいます。

私たちが日常的に使っているこの「もったいない」という言葉も、仏教から出てきた言葉です。

「もったいない」とは、「勿体《もったい》ない」と書きます。

「勿体」とは、物の本来のあるべき姿という意味ですから、**「勿体ない」とは、そのものの本来のあるべき姿ではないということ**です。

まだ食べることができるのに、捨ててしまうと、「食べ物を粗末にしてはいけない。もったいないじゃないか」と言いますよね。

食べ物は、それを食して、私たちの命をつなぐためにあるもの。それを食べずに捨ててしまうのは、食べ物の本来あるべき姿ではないから、もったいないということですね。

水や電気、資源を無駄に使うことを、「もったいない使い方をしてはいけない」といいますが、きちんと活用すれば、多くの人の生活をより快適にすることができるのですから、無駄な使い方をするのは、本来のあるべき姿ではないということです。

才能があるのに、それを眠らせている人がいると、「もったいないな」といいます。せっかく人より優れた才能があり、それを発揮させれば、もっと輝く存在になることができるのに、そうなっていないのは、その人の本来の姿ではないということでしょう。

そのものの本来の姿を活かしきるという精神が、「もったいない」という言葉の奥にあるのです。

このことを教えた、お釈迦さまのお弟子のエピソードがあります。

お釈迦さまのお弟子・阿難《あなん》は、美男子だと評判でした。ある国の王様に招かれて説法をしたところ、城中の500人の女性は、阿難の話に感動し、お礼に王様からもらったばかりの高価な衣を阿難に布施《ふせ》したのです。

翌日、王様が、朝食の準備をしている女性たちの姿を見ると、皆、古い着物を着ています。驚いた王様は、

「なぜ、わしが与えた新しい衣を着ないのだ」

問うと、彼女たちからは、

「はい、お話を聞かせていただいたお礼に、布施いたしました」

という答えが返ってきます。

腹を立てた王は、すぐに阿難を城へ呼び出し、問いただしました。

「お前は、５００枚もの衣を受け取ったと聞くが、そんなに多くの衣がどうして必要なのだ？」

「お釈迦さまには、たくさんのお弟子がありますから、くださった方の心をありがたく受け取り、みんなと分け合いたいと思います」

この王様は普段から、お釈迦さまのお話を聞いていましたので、そう言われると反論できません。しかし、ここで引き下がるのも悔《くや》しく、さらに追及をしていきます。

「では、これまで着ていた衣は捨てるのか？　それも誰かからもらったものなのだろう？」

「捨てはしません。下着に作り替えます」

「では、古い下着はどうするのだ？」

「縫《ぬ》い合わせて、敷《し》き布団にします」

「それまで使っていた布団はどうする？」

「敷物《しきもの》にします」

「古い敷物は？」

「足をふく雑巾《ぞうきん》にします」

「古くなった雑巾は？」

「細かく裂《さ》いて、床や壁に塗る泥に混ぜて使います。

私たちは施《ほどこ》しを受けた物を、決して無駄にはいたしません」

王様は、お釈迦さまの弟子たちが物を粗末にせず、どこまでも活かして使うことを知って、心から敬服したのでした。


すべてのものを活かしきるという精神が「もったいない」ということです。

あらためて、自分や周囲を見つめ直してみると——もっと、自分の得意なことや持ち味を活かせるのではないだろうか？
○○さんの長所をもっと、活かせるのでは？

使っていないものも、有効活用することを考えれば、工夫一つで活かせる方法が見えてきます。

「もったいない」の精神を胸において、日々を過ごしたいものです。

お釈迦さまも、「休むときは休め」とおっしゃっています

がんばることはよいことではありますが、がんばりすぎては、かえって自分を損ねてしまうことがあります。ですから、適度な休みを自分に与えることが大事です。

お釈迦さまも、過度に修行に打ち込みすぎる弟子に、
「琴《こと》の糸のように張るべきときは張り、緩《ゆる》むべきときは緩めねばならぬ」
とお諭《さと》しになられたといいます。

楽器の弦《げん》は、演奏するときは、ピーンと張らなければ、よい音が出ませんが、いつも張り続けていると、伸びてしまってダメになってしまいます。

同じように私たちも、がんばるときはがんばる、休むときは休むというメリハリや、バランスが大事です。

私は悩んでいる方から相談を受けたときには、適度に休んでいますか？ 睡眠はしっかりとれていますか？ 食事の栄養バランスはとれていますか？ ということを、かならず確認しています。

心の持ち方をどれほどしっかりしようと思っていても、体が健康でなければ、気力は衰《おとろ》え、元気も出ません。

体調が悪いときは、物事を悪く考え

がちになりますから、まず、よく睡眠をとる。

体にいい、栄養バランスのとれたものを食べることが大事です。

これは当たり前のことですが、意外と見落としている人が多いように思います。

お釈迦さまも、悟りをひらかれる前、長く厳しい修行のために憔悴《しょうすい》しきっておられました。

そのとき、そばを通ったスジャータという娘が、乳がゆを差し出しました。娘の布施した乳がゆを食され、肉体の元気を取り戻したお釈迦さまは、その後、菩提樹《ぼだいじゅ》の下で瞑想《めいそう》され、悟りをひらくことができたといわれます。

肉体の健康は、心の健康に密接に関係があります。

「仕事がつらい、最近、落ち込みやすい」という悩みは、肉体的な疲れからきていることが多くあります。

日本人は特に、「がんばることがいいことだ、休むことはよくないことだ」と思っている人が多いのでしょう。

しかし、自分の健康を損ねてしまっては、元も子もありません。それで倒れてしまえば、結局みんなに迷惑をかけてしまいます。

人それぞれペースがありますから、〝みんなと同じように〟がんばらなくてもいいのです。

最近、なんだか疲れるなと思ったら、お釈迦さまの弟子へのお諭しを思い出して、しっかり休みをとることが大事です。

それは〝心の影〟かもしれません

私たちは、それぞれの思い込みの中に生きていると、仏教では説かれています。

ちょっとうまくいかないことがあると、自分はみんなに嫌われているのかもしれないとか、周りは自分を受け入れてくれていないと感じることがあるかもしれません。

やや疑心暗鬼になって、周りを信じることができなくなってしまうこともあります。

しかし、**ちょっとした働きかけをしてみるだけで、自分の思い込みが解け、自分が思っている以上に、世界は自分に優しいのだと気がつくことがあります。**

ある女性から、最近、仕事で失敗してばかりで、同僚たちは、自分を邪魔だと思っている気がして、会社に行くのがつらいという相談を受けました。

「実際に、『邪魔だ』と言われたのですか？」

と聞くと、

「そうではないんですけど、なんとなく」と答えました。

「確かに、仕事の失敗で迷惑をかけたら、そのときは、厳しいことを言われるかもしれませんが、それはそのときだけのことですよ。

たとえば、職場の人は、休みの日でも、あなたのことを邪魔に思っているでしょうか」

「さすがに休みの日までは、そんなことを思ってはいないと思います」

「あなたが思っているほど、他人はあなたに対して悪意を持ってはいないのですよ。**明日、出社したとき、いつもより大きな声で挨拶《あいさつ》してみてください。そうしたら、あなたの不安は解決しますから**」とアドバイスしました。

その方は、翌朝、みんなに無視されるのではないかと不安だったのですが、勇気を出して、いつもよりも元気に挨拶をしてみました。

すると、思っていた以上に、明るい返事がみんなから返ってきたのです。

横にいた同僚からは、

「最近、元気がなくて心配していたのよ、元気そうで安心した。今週もがんばろうね」

と励ましの言葉をかけてもらえたそうです。

みんなが自分のことを邪魔に思っている、嫌っているというのは、彼女の思い込みで、彼女自身の〝心の影〟におびえていたのだと分かったのです。

その日から彼女は、元気な気持ちで会社に行くことができるようになりました。

私たちは苦しいとき、「誰も自分のことを分かってくれないし、必要ともされていない」と心を閉ざして、自分のカラに閉じこもってしまうことがあります。

そうすると、ますます孤独は深まります。

しかし、それは、一時の自分の思い込みかもしれません。ちょっと勇気を出して、周りに働きかけてみると、案外、その思い込みは解けるものです。

誰かに悩みを聞いてもらうとか、相談に乗ってもらうのでもよいです。

SNSに自分の感じたことを投稿してみると、コメントをもらえることもあるでしょう。

そうすると、意外と自分のことを気にかけてくれる人もいるのだと、周りへの見方が変わり、世界の見え方が変わってくるはずです。

このままでいいのか……と心によぎったときは

私の友人から、こんな相談を受けました。

「ずっとつきあっている女性と結婚しようと思っていたのだけど、相手の両親がどうしても認めてくれないんだ。どうしたらいいんだろう」

その友人はとても真面目でいい人なのですが、最近、仕事を辞めて、仲間と一緒に会社を作ったのです。その会社はまだ軌道《きどう》に乗っておらず、この先どうなってゆくかが見えない状態でした。

相手の女性の両親は、そんな不安定な状態が気に入らず、事あるごとに反対をしてきました。友人は、会社を軌道に乗せることだけでも大変なのに、その上、彼女の両親の反対を押し切って結婚することに、躊躇《ちゅうちょ》していました。

普段は滅多に悩みごとを話さない彼でしたが、歯切れが悪そうながらも、打ち明けてくれたのです。そのとき、私はこう聞いてみました。

「君は、相手の女性のことを好きなのかい?」

「それは、好きだよ」

「じゃあ、結婚したいと思うのか?」

「それはそうだけど、仕事のこともあるし、向こうの親の反対がひどいんだよ」

「問題は、仕事とか相手の親がどうかということではなくて、君が本心ではどうしたいのかということなんだ」

と私は聞き返しました。すると友人はしばらく沈黙して、

「実は、自分でもよく分からなくなってしまったんだ」

と答えました。

「そうだと思ったよ。きっと君は、結婚を前提につきあってきたから、婚約を破棄するのは男として情けないことだ、だからもうあとに引けないという義務感にしばられているんじゃないかな」

と突っ込んで聞いてみました。

友人はぱっと目が覚めたように、「そうなんだよ！」と答えました。

「僕は、君の本心で選びさえするならどっちでもいいと思う。

逆に、君が、周りからどう思われるかで結婚するかどうかを決めても、あとあと後悔することになると思うんだ。

もし、反対を押し切って結婚する気持ちになれないなら、謝ってその気持ちを伝えるべきだよ。ハッキリ言わないのは優しさじゃない。君のよく思われたいという見栄じゃないかな」

と言ってみました。

「その通りだ……よく考えてみる」

と友人は言い、その場は別れました。

私は、友人がどうするか、この時点では分かりませんでした。ただ、結婚という人生の重要な選択を、周りの目にあわせて決めてほしくなかったのです。

結婚するかどうか、**自分の本心ではどうしたいのか**に立ち帰って、決めてほしかったのです。

数日後、友人から電話がかかってきました。

「この間はありがとう、おれたち、結婚することに決めた。
あの後、一晩、寝ずに考えたんだ。お前の言う通りだった。
おれはここで引いたら、情けない信念のない男だと思われるという気持ちにしばられて、自分が本当はどうしたいのかさえ、分からなくなっていたんだ。

相手の両親に手紙を出して、『2人の問題ですから2人で決めました』とハッキリ書いたら、根負《こんま》けして、結婚を認めてくれたんだ。ありがとう」

友人の声に、以前のような迷いはありませんでした。

「自由」とは、本来、仏教の言葉です。
「自《みずか》らに由《よ》る」と読み、本来の自分に立ち帰るということです。

本来の自分の気持ちに立ち帰ることができれば、「こうしなければならない」という思い込みや、「周りからどう思われるだろうか」といった恐れに振り回されず、自分の本当の気持ちに従って生きることができます。

自分の本心に立ち帰って、人生をあるがままに生きていきましょう。

2章

スーッと〝気持ちの整理〟ができるお話

私自身を、ありのままに見る
――これが一番の〝幸せへの近道〟

お医者さんが患者さんを治療するうえで、一番大切なことは、まず初めに「正しい診断」をすることです。

もし、最初の診断が誤っていれば、どんな最新の治療法や高価な薬を処方しても、治るはずのものも治らず、余計に悪化してしまうこともあるでしょう。

日々の悩みやストレスも、同じことです。

まずは、自分の心の状態を正しく知り、整理すること。何に悩んでいるのか、何にストレスを感じているのかを知ることです。

悩みの正体、ストレスの正体が分かれば、それにあった解決法も見つかります。

お釈迦さまは、「まず、物事を正しく見ていきなさい」と教えていかれました。

これを「正見《しょうけん》」といいます。正しい診断なしによい治療はありえないように、幸せに生きていくためには、まず自分を正しく見ることが先決ですよと説かれたのです。

では、正しく見るとはどういうことなのでしょうか。

このことを教えた話があります。

室町時代に生きた蓮如上人《れんにょしょうにん》という僧侶が町を歩いていると、大きな松の木の下に、何やらわいわいがやがや、人が集まっています。

蓮如上人が不思議に思って近寄って見ると、松の木の前に立て札があり、こう書かれていました。

「この松を真っすぐに見た者には、金一貫文を与える。大徳寺《だいとくじ》・一休《いっきゅう》」

これは、かの有名な一休禅師による、とんち問答だったのです。

人々はどうにかして、この曲がっている松を真っすぐに見て、お金をもらおうとしていたのでした。

首をいろいろな角度に傾けて見たり、近くの木によじ登って見たり……。みんな、さまざまに試していますが、どうやっても真っすぐに見ることはできません。

しかし蓮如上人は、あっさりと「なに、簡単なこと。わしは真っすぐに見たよ」と言われ、人々にタネ明かしをされました。


「曲がった松を、『曲がった松だなー』とありのままに見るのが、真っすぐに見るということなのだ。

白い物は白、黒い物は黒と、ありのままに見るのが正しい見方というものなのだよ。

これを正見という。

曲がった松をなんとかして、真っすぐ見ようとするのは、曲がった見方だ。それを邪見《じゃけん》というのだ」

この蓮如上人の言葉に、そこにいた人々はたいそう感服したと伝わっています。

物事をありのままに見るとは、曲がった松は、曲がった松だなーとそのまま見ること。

どこから見ても曲がっている松を、無理やり真っすぐ見ようとするのは、曲がった見方です。

素直に、自分の思いや都合を入れず、

あるがままを見る。

これが、正しく見る、正見ということです。

苦しいことやつらいことも、まず、あるがままに見ていく。

悩みやネガティブな感情も、押し殺すのではなく、あるがままに見ていくことが、そこから抜け出す第一歩になります。

「たったの一言」で、不安やイライラを手放せる方法

自分自身の気持ちや感情をあるがままに見るといっても、目に見えるものではありませんから、とても難しいことです。

特に、落ち込んでいたり、自信をなくしていたり、イライラしていたりとマイナス感情の中にいるときは、どうしてもネガティブに物事を見てしまいます。

そういうときは、冷静に自分を見つめようと思っても、なかなか客観的になれません。

ダメだダメだと負のスパイラルにはまったり、あの人が悪い、この人が悪いと余計に腹が立ったりします。そんなときは、どうしたらいいのでしょうか？

実は、ちょっとしたことで、マイナス感情と自分を切り分けて、冷静に自分を

見ることができるコツがあるのです。

それは、**「のだな」という一言をマイナス感情に加える**ということです。

たとえば、あなたが、上司に叱られて落ち込んでいるとき、「私は上司に叱られて、落ち込んでいる」ではなくて、**「私は上司に叱られて、落ち込んでいるのだな」**と、その文末に「のだな」を付けてみましょう。

たったこれだけで、マイナス感情と自分を切り離すことができます。

言葉と感情は、密接な関係があります。

「あーイライラする」と思うと、「私＝イライラしている」ということになりますから、イライラの感情＝私、となってしまいます。

そこに、「**イライラしているのだな**」と「のだな」を加えると、イライラしている私を、「～のだな」と眺めている私がいる、ということになりますね。

「～のだな」と眺めている私は、イライラという感情から少し離れているわけですから、イライラしてはいないということになります。

「子供が言うことを聞かなくて、腹が立つ」ではなく、「子供が言うことを聞かなくて、腹が立っているのだな」。

「成績がいまいちで、落ち込んでいる」ではなく、「成績がいまいちで、落ち込んでいるのだな」。

「明日の会議で、発表しなければならなくて、焦っている」ではなく、「明日の会議で、発表しなければならなくて、焦っているのだな」。

腹が立ったり、イライラしたり、焦ったりしたとき、その感情を押さえ込んだり、無視したりするのでなく、「焦っているのだな、不安に思っているのだな」

と、一歩後ろに下がって自分を見てみると、マイナスの感情に振り回されなくなります。

マイナス感情が出てきたとき、「~のだな」と一言加えて、そのマイナス感情と自分とを、切り離してみましょう。

落ち着いて、自分の感情に対処することができるはずです。

「自分の本音」は、案外よく分かっていないもの

私たちは、自分のことは、分かっているようで案外分かっていないものです。私たちの目は外に向かってついていますから、他人の言動はよく見えますが、自分の言動はあまり見えていないことがあります。

「なくて七癖《ななくせ》」ということわざがあるように、どんな人でも、七つくらいは癖を持っていますね。

あの人は、早口だ、すぐに頭をかく、話の初めに咳払《せきばら》いをするなど、他人の癖はすぐに目につくもの。でも、自分の癖を七つ挙げてみてくださいとたずねると、すぐに挙げることができる人は滅多にいません。

それだけ、自分のことは分からないからでしょう。

自分の内面、心のこともそうです。

心は目に見えないので、実は、自分でも自分の気持ちや本心というのが、よく分かっていないことが多いのです。

お釈迦さまはお経の中で、

「心口《しんく》各異《かくい》（心と口は各々《おのおの》、異なる）」

とおっしゃっています。

自分が口で言っていることと、心で思っていることが、実は食い違っているということはよくあります。


言葉と心の食い違いに気がつくと、自分が本当にやりたかったことはこれだったんだと気がつき、悩みが一度に解決することがあります。

ある20代の女性と話をしていたとき、こんなことがありました。

「私、海外で暮らしたいと思っているんですけど、どうしたらいいか分からなくて……」

そう言う彼女ですが、海外には、これまで友達と旅行に行った程度でした。

突然、海外で暮らすというのはちょっと現実味がないなと思った私は、二、三質問してみました。

「それは、素敵な目標ですね。どうして、海外で暮らしたいと思うのですか」

と聞くと、

「やっぱり、外国は自由だから」

と彼女は答えます。

「なるほど、あなたが海外で暮らしたいと思うのは、自由になりたいからなんですね。ということは、今、不自由を感じているということですか？」

「そうなんです。私が住んでいるところは田舎で、今は実家暮らしです。

コンビニに行くだけで知り合いによく会うし、近所のおばさんから、『結婚しないの？』とかしょっちょう聞かれて、とても窮屈で……」

「ということは、外国で暮らしたいのではなくて、自由に暮らしたいというのが本当の気持ちなのではないですか」

とたずねると、

「あっ、そうですね。

私、別に海外に行きたいわけじゃなくて、自由に暮らしたいだけなんだ。

今、自分の本当の気持ちに気づきました」

と明るい表情で答えてくれました。

彼女はその後、実家から程よく離れた町で仕事を探して引っ越し、門限を気にせず、友達と自由に楽しく毎日を過ごしているそうです。

心で思っていることと、言葉にして言っていることは、同じではありません。

思っているほど、私たちは自分の本音を、分かっていないものなのです。

自分が口にしている言葉の奥にある、本当の気持ちはどうなのかを、見つめるように心がけてみましょう。

自分の本当の気持ちに気づくことで、心のもやもやがすっきり晴れていくはずです。

すべての人から好かれることも、すべての人から嫌われることもありません

私たちは、多かれ少なかれ、他人の評価を気にしています。

いい人だと思われたくて、相手に合わせたり、嫌われたくないから、嫌なことでも断れなかったりということは、誰にでもあるでしょう。

ある女性の方から、

「私は、周りに自分を合わせてばかりで生きてきました。だから、生きているっていう実感や喜びが、あまり感じられていない気がするんです」

という相談を受けたことがありました。

この方は、物心ついたときから、親や学校の先生、友達からどう思われるかを

考えて振る舞い、「いい子」でいなければならないという思いにしばられ、ずっと自分の気持ちを押し殺してきたそうです。

休みの日に、ひとりで家でゆっくりしたいのに、友達に誘われると、我慢して食事に出かける。

早く帰りたい日でも、上司から仕事を頼まれると、断れず、受けてしまう。恋人とつきあっても、なかなか自分の気持ちや本音が言えない。

自分がどうしたいかよりも、周りからどう見られているかばかりを気にして、自分の人生を生きているという実感がないというのです。

多かれ少なかれ、程度の差はありますが、この方のように周りからどう思われるかにしばられて、自分らしい人生を歩むことができていないと感じる方は、多いのではないでしょうか。

しかし、私たちは、誰かの期待通りになるために生きているわけではありません。

あなたの人生はあなたのものです。

もし、あなたが、周りの目や期待を気にし、嫌われるのが怖くて、自分の本当の気持ちを我慢し続けなければならないのなら、せっかく生まれてきた一度っきりの人生、とてももったいないことになりませんか？

お釈迦さまは、

「**皆にてほめる人はなく、皆にてそしる人はなし**」

と言われました。

人間の好き嫌いは、その人の都合によって決まりますから、**どんなに立派な人でも、すべての人から好かれることはなく、どんなに嫌われている人でも、すべての人から嫌われることはない**という意味です。

人それぞれ、立場や都合は違います。

ですから、たくさんの人が集まれば、全員の都合や利害が一致することは絶対にありません。

お釈迦さまが生きておられたとき、当時の人たちの三分の一は、お釈迦さまの存在を知りませんでした。

三分の一は、「変なやつが現われた」と非難しました。

そして残りの三分の一が、尊い方だと称賛したといわれています。

お釈迦さまでさえ、そうなのですから、私たちがみんなから嫌われずに、好かれるなんて、とてもできないことなのです。

誰にとってもいい人でいることは、不可能です。

逆に、あなたがどのような状況にあっても、「皆にてそしる人はなし」とお釈迦さまは言われています。

みんなから嫌われるということも、決してないのです。

周りの目に振り回されるよりも、あなたの自身の本当の気持ちを大事にして、あなた自身の人生を生きたほうがよいと思いませんか。

批判や非難を受けたときは、この言葉を思い出してください

こんなにがんばっているのに、どうして、冷たい目で見られるのだろうか?

自分は真面目にやっているのに、それを周りに認めてもらえない。

そんなふうに感じるときがあります。

自分は正しいことをしていると思っていても、時には、周囲から思わぬ批判や非難を受けることもあります。


人の見方というのは、それぞれの立場でまったく違います。

仏教に、「一水四見《いっすいしけん》」という言葉があります。

同じ水を見ても、餓鬼《がき》は火炎《かえん》と見る、天人《てんにん》は宝石と見る、人間は水と見て、魚

はすみかと見る。

これは、それぞれの立場や状況が違うと、感じ方や、見方がまったく変わってくるということを表わしたものです。

コップに水が半分入っているのを見て、「半分もある」と思う人がいれば、「半分しかない」と思う人もいます。

一般の人にとって、警察官は、自分たちを守ってくれる存在でしょうが、犯罪者にとっては、やっかいな存在でしょう。

同じ水や人を見ても、心のあり方や立場によって、全然違って見えるものです。

見方や感じ方は、人それぞれ違いますから、あなたがどんなに正しいと思ってやっていることでも、いろいろな見方をする人がいます。

ある女性から、こんな相談を受けました。

自分は一生懸命、仕事に取り組んでいるのに、同僚や先輩から冷やかしを受けたり、嫌味を言われる。

真面目にがんばっているのに、なぜ嫌味を言われなければならないのか分からないというのです。

よく話を聞いた後、

「みんなが、あなたのがんばりを冷やかすのですか？」

と聞くと、

「いえ、ちゃんと認めてくれる人もいます」

と答えてくれました。

「では、どんな人たちが冷やかすのですか？」

と聞くと、その女性は、しばらく考えて、

「あまり仕事熱心でない人たちだと思います」

と答えました。

「そうでしょうね。あなたががんばると、自分ががんばっていないことが目立つので、都合が悪いから、冷やかすのかもしれませんね。でも、ちゃんとあなたのがんばりを認めてくれている人がいるのなら、それでいいじゃないですか」

と励ますと、

「そうですね。私は仕事が好きだから、気にせずがんばりたいと思います」

と元気に答えてくれました。

真面目にがんばることは、十人の内、九人ぐらいの人にはよいと思われるでしょう。ですが、全員に喜ばれるわけではないということです。

反対に、不真面目な人を見ると、大半の人は「もっとちゃんと仕事をしろ」と思うでしょう。同時にその一方で、「あの人が辞めちゃうと、自分にみんなの批判の目が向くかもしれないから、辞めないでほしい」と思っている人もいるでしょう。

一部の人に悪く思われても、まったく気にすることはありません。

その相手にとっては、自分の行動がたまたま都合が悪かったのだなと、受け止めればいいだけなのです。

他人からの評価なんて、コロコロ変わる。気にしない、気にしない

とんち話で有名な、かの一休という禅僧は、

「今日ほめて　明日悪く言う　人の口
泣くも笑うも　ウソの世の中」

と詠《うた》いました。

これは、

「今日までほめていても、明日になるとコロリと評価が変わって、けなし始める

のが人間だ。
だから、悪く言われて落ち込んで泣くのも、ほめられて舞い上がるのも、ともにまことのないことなのだよ」

という意味です。

これは、私たちの人間の本質を表わした歌といえます。

私たちが、誰かを「あの人はいい人だ、悪い人だ」と評価するのは、結局のところ、自分にとって都合がいいか悪いかを基準に考えてのこと。

自分にとって都合のいいときは、個性的だとか、そこが長所なのだとよく思えます。ところが、都合が悪くなると、あんな人とは思わなかった、あんな人とは知らなかったとガラリと評価が変わります。

たとえば、職場の上司が、自分に対してとても優しく、多少のミスなら大目に見てくれる人なら、寛大でよい人だと思います。逆に厳しい人なら、細かくて神経質な人だと、やっかいに思うでしょう。

上司がどんな人かということをキチンと見たうえで、いい人・悪い人と決めているわけではなく、自分に優しければいい人、そうでなければ悪い人と、自分の都合で判断をしています。

感じが悪いなと思っていた人が、優しく接してくれると、「あの人、案外いい人なのよね」と言ったりしますが、これは、「悪い人」だと思っていたけれど、自分に優しくしてくれたから、「いい人」に評価が変わったということですね。

学生時代、試験で易しい問題を出してくれる先生はいい先生だ、難しい問題を出す先生は嫌な先生だとよく言っていましたが、これも自分にとっての都合のよし悪しで評価していたということでしょう。

このように、私たちの評価というのは、そのときそのときの都合のよし悪しでコロコロ変わります。

だから、他人の評価というものは、正しくあなたの姿を映しているわけではありません。

悪く思われたからといって、自分はダメだと落ち込む必要はありません。

あなたそのものがダメなのでなくて、単にあなたの言動が、相手にとっては都合が悪かったにすぎないのです。

逆に、ほめられたからといって、過度に舞い上がるのも危険です。そのときの都合によって、相手はあなたのことをよく見ているだけだからです。

正しい鏡なら、そこに映った自分をよく見つめなければなりませんが、他人の評価という鏡が映す姿は、それぞれの都合で、コロコロ変わるもの。

ああ思われたこう思われたと一喜一憂して振り回されるのは、無駄な苦労ですよね。

「他人の評価＝あなた自身」ではありません。

人の目が気になったら、他人の評価とは、その人の都合という色眼鏡で見られているだけのものでしかないことを思い出して下さい。

私たちはみんな、大きな山のような「名誉欲」を抱えています

これまで、周りの評価に振り回されるのは、疲れるだけなので、やめましょうという話をしました。

しかし、さらに踏み込んでみていくと、私たちは、**周りからどう思われているかに振り回されているのではなく、周りの目を気にする自分の心に振り回されているのです。**

いい人だと思われたい、嫌われたくない。かわいいと思われたい、綺麗《きれい》だと思われたい。優秀でデキる人間だと思われたい。

こういう心を、仏教では**名誉欲**といいます。

この名誉欲のない人はいません。みんな、この心を持っています。

しかも、この名誉欲はものすごく強いのです。

浄土真宗の宗祖である親鸞《しんらん》聖人という方は、

「悲しきかな、愚禿鸞《ぐとくらん》、名利《みようり》の大山《たいざん》に迷惑して

（ああ、情けないことだ、この親鸞、大きな山のような名誉欲と、利益欲に振り回され、迷惑している）」

と、ご自分の心を告白されています。

親鸞聖人が名誉欲を大きな山といわれたように、私たちの「人からよく思われたい」という心は、大変、強く大きいものです。

「お若いですね」とほめられると、お世辞だと分かっていても、ニンマリうれしくなる気持ちが出てきます。

洋服を試着して、店員さんから「お似合いですね」と言われると、半分は買っ

てほしいからだろうと思っても、自分もまんざらではないなと思うものです。
逆に、的を射ていることでも、注意されると腹が立ちます。

このように、周りからよく思われるとうれしく、悪く思われると腹が立ったり、不安になったりする心が名誉欲です。
周りからどう思われても、それを気にしなければ、振り回されることはないはず。ですが、それを気にして舞い上がったり、落ち込んだりするのは、私たちの誰もが抱える名誉欲によるものなのです。

自分がどう思われているかが気になり、不安になったとき――なんとか自分をよく見せようとするのではなく、それを気にしている自分の心に、次のように語りかけてみてはどうでしょうか。

「みんなから好かれることもできないし、反対に、みんなから嫌われることもな

いんだ。あのお釈迦さまでさえ、そうなんだから」

「見方は人それぞれ。悪く思われたからといって、それは私のすべてではない、ほんの一部のことなんだ」

「他人からの評価は、その人の都合で決められているだけ。本当の自分を見て言っているんじゃないんだ」

そうすると、不安や焦りの気持ちが落ち着いてきます。

いい人をやめられないのは、自分の心にも原因があります。

他人の評価を気にしてしまう自分の心に、お釈迦さまの教えを語りかけてみましょう。

周りと自分を比べてしまう――
そんなときに〝効く〟お釈迦さまの言葉

心理学者のアルフレッド・アドラーは、人間を根本的に動かしているのは、「優越を求める心」だといいました。

確かに、私たちには他人と比べて「自分が優れている」と思いたいという、強い欲求があります。

友達や同僚に対して、自分とどちらが、みんなから好かれているだろうか？　どちらが仕事ができるだろうか？　と比較してしまいます。

自分のほうが優れていると思うと安心し、自分のほうが劣《おと》っていると思うと、悔しい気持ちやみじめな気持ちになるものです。

自分を他人と比べる心は誰にでもあるのですが、あまり気にしすぎると、相手との関係がギスギスし、疲れてしまいますから、とらわれすぎないようにするのが大事です。

お釈迦さまは「自分のほうが優れている」と思う心を、「慢《まん》」「過慢《かまん》」「慢過《まんか》慢《まん》」に分けて教えられています。

まず「慢」とは、**自分よりも劣った人を見て、自分のほうが上だ、と思う心**のことです。

相手の容姿や服装を見て、「私のほうが綺麗よ」と思ったり、年収や肩書きを比べて、「自分のほうが上だ」と相手を見下す心です。

もちろん実際に、相手よりも自分のほうが優れていることもありますが、その部分においては相手よりも優れているだけで、すべてにおいて相手よりも優れているわけではありません。

ところが、何か一つでも相手よりも優れていると、自分のほうが偉いように思ってしまうのが、慢の心です。

次に「過慢」とは、**同じ程度の相手に対して、自分のほうが優れていると思う心**のことです。

気になっている同僚と、今月の営業成績が同じだったとき、来月は負けないようにがんばろうと前向きに受け止めることができればいいのですが、「あの人はたまたま、よいお客さんを上司に紹介してもらったからだ。条件が同じなら、自分のほうが成績はよかったのに」という気持ちが出てきます。

同じ時期に昇進した同僚に対して、「あいつは上司に取り入ったからだ、本当はおれのほうが上だ」と思う心です。

その次の「慢過慢」とは、**自分より優れている相手に対して、素直に認められず、相手の欠点を探して、「私のほうが上だ」と思う心**のことです。

相手の優れた点を認めて、学ぼう目標にしようと思えれば、自分の向上につながるのでとてもよいことですが、なかなかそういう気持ちになれないもの。相手のアラを探して、引き下げたいという心が出てきます。

たとえば、自分よりもスポーツができて、活躍しているクラスメートに対して、「あの子は運動はできるかもしれないけど、性格が悪いのよね。私は友達が多くて、みんなに好かれているから」

「頭のよさなら、私のほうがずっと上よ」

と相手の欠点を見つけたり、自分の得意なところを持ってきたりして、相手の上に立とうとする心です。

人は、相手の優れているところを認めたくないものです。

何かと理由をつけて、自分のほうが優れていると思いたいものです。

人との関わりの中で、相手と自分を比べては、優劣を気にして、気疲れしてはいないでしょうか。

お釈迦さまの言われた三つの「うぬぼれ」にとらわれない努力をしてみましょう。

いつもより柔和《にゅうわ》に、朗《ほが》らかに周りの人と接することができるようになるはずです。

「おかげさま」の一言は、人づきあいをやわらかにします

自分をよく見たい、よく見せたいという心を「慢」といいますが、この心は、いろいろな形で表われます。

中には、「自分はダメなんです」とか「私は何もできないんです」と自分を卑下することで、自分をいい人だと見せたいという心があります。

こうした心を仏教では「**卑下慢**《ひげまん》」といいます。

自分を卑下することで、謙虚で控えめないい人だと思われたがる心です。

仕事で人よりよい成績を出したのをほめられたとき、周りに気を使って、「いやぁ〜、まぐれですよ」と言うことがありますね。

それでも同僚に、「うん、お前、あれは本当にまぐれだよなあ」と返されたら、カチンときます。

まぐれだと言ったのは自分なのに、他人からそう言われると面白くないのは、本当はまぐれだと思っているわけではないからです。

このように私たちは、周りによく思われたいために、自分の本心と真逆のことを言うことがあります。これは度がすぎると、かえって卑屈になりすぎて、相手に嫌な感じを与えることがあります。

では、どうすればいいのか。

周りからほめられたときは、変に謙遜して自分を下げるのではなく、感謝の言葉を言えばいいのです。

「○○さん、今月の営業成績いいね」と言われたら、「たまたまですよ、来月はきっとダメですよ」と言うよりも、

「ありがとうございます。□□先輩が、よい取引先を紹介してくださったんです。□□先輩のおかげです」

と言ったほうが、好感度も高いし、自分自身も元気になれますね。

「〇〇さん、髪型素敵ですね」と言われたら、「顔はダメですから」と自虐的に返すのでなくて、

「ありがとうございます。タレントの△△さんの髪型真似てみたんです。△△さんに感謝しなくちゃですね！」

というように、人からほめてもらったら、それを否定するのではなくて、素直に「ありがとう」と、感謝の言葉を述べるのがよいでしょう。

「自分はダメなんです」というよりも、「〇〇さんのおかげです」と誰かを立てたほうが、周りもあなたにもっとよくしようと思うでしょう。

相手に気遣って謙虚になることは、かならずしも悪いことではありませんが、できることなら、自分を下げるよりも、「おかげさまです」と、感謝の言葉で返したいものですね。

「寂しい気持ち」と、どうつきあっていますか

お釈迦さまは、人間はみんな孤独であると説かれています。

みんな、寂しい孤独を抱えていますから、自分に注目してもらいたい、自分を認めてもらいたいという強い気持ちを持っています。

この気持ちをうまく活かして、仕事や家庭の中で、多くの人の役に立つことができればとても素晴らしいこと。

ですが、場合によっては、周りからの関心を得たいために、本来、反省しなければならないことを自慢のネタにしてしまうことがあります。

そのような心を、仏教では「**邪慢**《じゃまん》」といいます。

とても誇れるようなことではないことを、自慢する心です。

窃盗犯《せっとうはん》が、いかに素早く人の物を盗めるかを自慢し、殺人犯が、いかに残虐に人を殺してきたかを自慢したということを聞くと、あきれてしまいますよね。

ですが私たちも、自慢のネタがなくなると、とても人には言えないことでも自慢のタネにしてしまう場合があります。

学生時代、試験で赤点をとったり、単位を落としたりした友人が「聞いてくれ、また、単位を落としちゃったよ」と自慢げに言っていました。

自虐ネタも多少なら、その人の人間らしさや意外な一面が知られて、親近感がわくこともありますが、あまり度がすぎると危険です。

お笑い芸人のように、それ自体をプロの仕事と割り切ってやっている場合は別ですが、**自虐ネタが口癖のようになってしまうと、周りからの評価だけでなく、自信までもどんどん失いかねませんから、注意しなければなりません。**

かくいう私も、高校時代、他人がやらない奇抜な行動をして、クラスメートの関心を集めようとしていた時期がありました。

そんなときに、ある動物番組を見て、そんな自分の姿に気づかされたことがあります。

ある動物園の年老いたオランウータンは、愛くるしいしぐさで人気者でした。来園した人は、その一挙手一投足に歓声《かんせい》を投げかけていました。

ところが、人気は長く続くものではありません。

ある日、かわいい子供のオランウータンが動物園に迎え入れられると、来園者の関心はその子供のオランウータンに移り、見向きもされなくなったのです。

もう、自分はいてもいなくてもいいんだ、みんなから完全に忘れ去られてしまったんだ。そう感じている様子のおじいさんオランウータンからは、寂しそうな哀愁《あいしゅう》が漂っていました。

ところが、そのおじいさんオランウータンは何を血迷ったか、とんでもない奇行に走ります。

ある日突然、来園者に向かって、自分の出した大便を投げつけ始めたのです。

おじいさんオランウータンが投げつけるたびに、キャーという悲鳴が聞こえます。

その瞬間、自分に熱い視線が注がれたのが、快感だったのでしょうか。

来園者からの注目を取り戻すために、おじいさんオランウータンは奇行を繰り返すのでした。

その番組を見ていた私は、笑うに笑えず、思わず冷や汗をかきました。

「**このオランウータン、自分と同じだ**」と思ったのです。

人と違う言動をとることで個性を主張し、人が眉をひそめることをしてでも、周りから注目をあびたい。

そんな自分の心をオランウータンが代弁しているようで、ドキッとしたのを覚えています。それから、自虐的な話や、奇抜な行動を控えるようになりました。

人が聞くとあきれるようなことを、自慢のネタにしてしまうときがありますが、それで得られるのは、かりそめの賞賛や注目でしかないことが多いです。

自分のダメな部分をネタにしすぎて、セルフイメージまでがその通りに固まってしまうのは、とても恐ろしいこと。

心したいものです。

3章

大切な「あの人」と、もっと心が通い合うお話

地獄の住人と、極楽の住人の「違い」はどこにあるのでしょうか

お釈迦さまは、

「**幸せになりたければ、『自利利他《じりりた》』の道を行きなさい**」

と教えていかれました。

自利利他とは、「**相手を幸せにすることで（利他）、自分が幸せになれる（自利）**」ということです。

相手の幸せを思いやった言葉や行動は、かならず、あなた自身に幸せを運んできてくれる、ということですね。

この自利利他を、分かりやすく教えた話があります。

ある男が地獄に見学に行くと、ちょうど昼食が始まる前でした。「さぞ粗末な食事に違いない」と思ってテーブルの上を見ると、山海《さんかい》の珍味《ちんみ》ばかりの豪華な料理が並んでいました。

ところが、地獄の罪人はみんな、ガリガリにやせこけているのです。見ると、罪人の手には1メートル以上の長い箸が握られていました。食事が始まると、**その長い箸を必死に動かして、自分の口へごちそうを入れようとするのですが、箸が長すぎてとても入りません。**

怒り出す者もいます。人のつまんだものを奪う者もいます。ところが結局、自分の口に入れようとしても入らないので、みんな、ガリガリにやせこけていたのでした。

この地獄の罪人のように、他人のことなどお構いなしで、まず「自分が、自分が」と考える者を、仏教では、我利我利《がりがり》亡者《もうじゃ》といいます。

次に、男は、極楽に見学に行きました。ちょうど夕食が始まる前でした。

もちろん、料理は山海の珍味です。

極楽の住人は、みんなふくよかでニコニコしていました。

ところが、手にしている箸は、地獄と同じ、1メートル以上もの長さがあるものです。

「はて、これでは地獄と同じではないか？　何が違うのだろう」と見ていると、**なんと、その長い箸でお互いの食べたいものを取り合って、お互いの口に運んであげていたのです。**

自分のことだけを考えているために、周囲と争い苦しんでいる人。

一方は、同じ状況に置かれていても、お互いを助け合い、楽しく過ごしている人。

どちらが幸せかは、いうまでもありませんね。

私たちは余裕がなくなると、地獄の罪人のように、自分のことだけで頭がいっぱいになってしまうことはないでしょうか。

そんなとき、ちょっと周りのことを思いやってみると、お互いに協力できたり、助け合うことができたりするものです。


お釈迦さまは、相手を幸せにすることで、自分も幸せになることができると「自利利他」を教えられています。

幸せの花は、相手と自分との間に咲く花なのです。

まずは「相手に安心してもらう」ことから始めましょう

仏教では、「この世」のことを「堪忍土《かんにんど》」ともいいます。

人生は、思い通りにならない、つらいことや苦しいことも堪《た》え忍ばねばならないところだということです。

苦しみや煩《わずら》わしさにもいろいろなものがありますが、現代人が感じるストレスのほとんどは、人間関係からくるものだといっても過言ではないでしょう。

ですから、自分とつながる人たちとの関係を良好なものにしたいと、誰もが望んでいます。

では、良好な人間関係とはどんな関係でしょうか？

それは安心感や、信頼感、そして思いやりや感謝で結ばれた関係でしょう。一緒にいると安心できる。信頼できる。そして、お互いを思いやり、感謝しあえる関係がよい関係ですね。

どうしたら、お互いの間に、安心や信頼、感謝の関係を築くことができるのでしょうか。

それには、**まず、相手に安心してもらうこと**が大事です。

お釈迦さまがお示しになられた、人生を明るく楽しく渡っていくための六つの修行である「六波羅蜜《ろくはらみつ》」の最初に教えられる「布施」の中に、「無畏施《むいせ》」というものがあります。

無畏施とは、畏《おそ》れなき心を布施するということ。

まず、**自分が相手への恐れや緊張を捨て去って、相手を受け入れる心で接する。**

自分の態度や振る舞いで、相手の不安を取り除く、相手に安心感を与えるとい

うことですね。

お互いの心に安心感があれば、意思疎通もとてもスムーズになります。

この〝安心感〟がないと、いらないところで気を使ってしまい、うまくコミュニケーションをとれなくなります。

たとえば、朝、出社すると職場の上司がとても不機嫌だったとすると、「私、何か機嫌を損ねることでもしたかな？　後で、叱られるかもしれない」と部下は不安になります。報告しなければならないことも、委縮《いしゅく》してできなくなったり、提案したいことも言い出せなくなったりします。

単に、その上司は個人的な理由で不機嫌な態度をとっているだけなのかもしれませんが、不安になっていろいろと考えてしまいますよね。

逆に、上司がとっても朗らかだったらどうでしょうか。

仕事で困ったことがあっても、すぐに相談できますし、いいアイデアを思いついたら、すぐに提案しやすくなります。結果、仕事も楽しく、はかどるでしょう。家庭でも、パートナーが不機嫌にしていると、一緒に食事をしても楽しくありません。気を使ってしまいます。逆に、お互いが朗らかだと、少しでも早く家に帰りたいと思います。子供たちも安心してのびのびできますね。

ですから、安心感があることは、とても大切です。

相手とよい関係を築こうとしたとき、**私たちは、楽しい会話ができるよう話題を探そう、気の利《き》いたことをしようなどと考えがちですが、まず、相手に安心してもらうことが第一です。**

それには、まず自分から心をひらいて、相手に接することですね。

「やすらぎ色のまなざし」って、どんな色？

お釈迦さまは、お金や物がなくてもできる七つの施《ほどこ》しとして、「無財《むざい》の七施《しちせ》」を説かれました。

お釈迦さまは、布施《ふせ》（他人に何かを与えること）は、お金や物を持っている豊かな人だけではなく、何も持っていない人でも、心がけ一つでできるのだよと教えていかれたのですね。

その無財の七施の最初に教えられているのが、「眼施《げんせ》」と「和顔施《わがんせ》」です。

眼施とは、**優しい温かいまなざしで周囲の人々に接すること**です。

「目は口ほどにものを言う」「目は心の鏡」といわれるように、私たちは、相手のまなざしから、その人が自分をどのように思っているかを感じ取ります。

やわらかなまなざしで接してもらえると、自分を受け入れてくれているのだなと思います。

瞳にたたえられた和やかな光は、人々をなぐさめたり、励ましたりする力があります。優しいまなざしで見つめられるだけで、自然と元気になれることもありますね。

以前、小学生から頂いた手紙の中の詩に、

「やすらぎ色があるのなら、そうそれはあなたのひとみの色ですよ」

という一節がありました。

やすらぎ色ってどんな色でしょう？　辞典で引いても、「やすらぎ色」という色はありません。

あなたが、温かく優しいまなざしで接したときに、あなたの瞳が、やすらぎ色になるのですよという詩ですね。

優しいまなざしって、どうすればできるのだろうと思う人もあるでしょうが、これはそんなに難しくありません。

鏡に映った自分の瞳をリラックスして見つめていくと、次第に穏やかなまなざしになります。子供とか、子犬とか、好きなキャラクターをじっとリラックスして見てみるのもいいでしょう。

そうすると、自分の気持ちも穏やかになり、優しい気持ちになります。

心がけていると、自然と優しい目の表情が身につき、意識しなくても、相手に安心感を与えたり、自分の気持ちも和むようになりますから、この「眼施」をぜひ、心がけましょう。

次に、「和顔施」は、**優しいほほえみをたたえた笑顔で、人に接すること**です。笑顔やほほえみをプレゼントするということです。

笑顔が健康に与える好影響は、医学的にも心理学的にも、実証されています。

「一日一笑 医者いらず」という古い格言もあります。

笑顔でいることは、ストレス解消になり免疫力を高め、軽い運動の効果まであるといわれています。

相手との間に安心感を作るには、何も特別なことをする必要はありません。

ちょっと心がけて、まなざしに優しさを、表情にほほえみをたたえるだけでよいのです。

「言葉」に反応せずに、「心」をくみとってみる

人は、自分を受け入れてくれる人に心を開き、自分を拒絶する人には心を閉ざします。

よい関係を築くには、「あなたを受け入れていますよ」ということを伝えることが大事です。

たとえば、**話を聞くときに、ところどころ、うなずきながら聞くということは、「あなたの話をちゃんと聞いていますよ」というサインです。**

ですから、無反応に話を聞くよりも、しっかり、うなずきながら聞いたほうが、より相手は心をひらいて話をしてくれます。

うなずきながら話を聞くことは、多くの人が心がけているかもしれませんが、さらに、相手との関係を深いものにするのは、共感です。

共感してもらえると、「自分の気持ちが分かってもらえた」という温かい感覚が胸に広がります。

人間はみな、自分の気持ちを分かってもらいたいという強い欲求を持っています。分かってもらえないとひどく寂しく孤独を感じます。

そして、**分かってもらえたときには、心がじわーっと、幸せな感情で包まれます。**

ですから、自分の気持ちに相手が深く共感してくれたなら、関係はより親密になります。しかし、これは、なかなか難しいことですね。

お釈迦さまは、「他心通《たしんつう》」という、相手の思っていることが分かる神通力《じんずうりき》を持っていたといわれます。しかし私たちには、そんな力はありませんから、表情や、言葉、しぐさから相手の気持ちを読み取らなければなりません。

普段から、相手の気持ちを思いやることを意識しないと、なかなかできないことです。

ここでは、比較的簡単にできる共感の仕方を紹介したいと思います。

これは、誰でもちょっと心がければできるようになりますから、ぜひ実践してみてください。

それは、**相手の言葉ではなく、心に注目する**ということです。

前章でもお話ししたように、私たちが心で思っていることと、口で言っていることとは一緒ではありません。思った通りのことを言葉に表わしているのではないのです。

ですから、**相手の言葉に反応するのではなく、どういう気持ちでそう言ったのかを察して、その気持ちに向かって言葉をかけていく**ことが大事です。

たとえば、旦那さんが、「おれ、今の仕事辞めようかなって思うんだ」と言ってきたら、あなたならどう答えますか？

「仕事を辞めてどうするの？　生活は？」と聞き返してしまいそうですが、それでは、相手を追い詰めるだけです。「仕事辞めようかな」と言ってきたということは、今の仕事に不満を感じているか、うまくいっていないからですよね。

だから、

「どうしたの、何か嫌なことがあったの？　聞かせて」

と言葉をかけてあげましょう。そうすると、

「実は、上司からこんなことを言われて……」

と気持ちを打ち明けてくれるかもしれません。それをよくうなずいて聞いてあげると、相手はだんだん元気になっていくものです。

そして「やっぱり、がんばってみる」となれば、とりあえず、一件落着です。

子供が「お母さん、どうして勉強しなくちゃいけないの」と聞いてきたら、ど

うでしょう。

「勉強しないと、立派な大人になれないよ」と、堅苦しく勉強の意義を説明しても、あまり効果はないものです。「どうして」と聞いてくるのは、勉強に行き詰まりを感じたからです。そういうときは、

「どうしたの、何か、勉強で困ったことがあったの？」

と聞いてあげましょう。

「分数が全然、分からないんだ」と打ち明けてくれるかもしれません。

「じゃあ、一緒にやろうか」といって、一緒に乗り越えてあげればいいのです。

自分の気持ちを分かってもらえたという感覚は、一生忘れられないものです。

その人をずっと元気づけ、心を温めてくれる体験になります。

無財の七施の中の「言辞施《げんじせ》」とは、**ねぎらいの言葉を施す**ということですが、相手の気持ちを察して言葉をかけることも、心がけていきたいですね。

言うことを聞かない子が、一瞬で優等生に変わった一言

相手の気持ちに共感した一言には、とても大きな力があります。

そのことを改めて知らされたことがありましたので、紹介したいと思います。

あるとき、私が、近所の子供会で仏教の話をしてほしいと依頼されたことがありました。さて、どんな話をしようかと準備して行くと、小学校低学年の子供たちが20人ぐらい集まっています。

私が話し始めると、ひとりの男の子による妨害《ぼうがい》が始まりました。

私が話すことに対して、ことごとく反対するようなことを言って、話の腰を折ってくるのです。

たとえば、私が「友達はたくさんいたほうがいいよね」というと、「友達なんていらないよ」と答える。私が「食事をするときに『いただきます』って言っているかな」と聞くと、「そんなの、言う必要ないでしょ」と言ってきます。

なんともやりにくく、他の子供たちもザワザワしてきました。かといって、みんなの前で注意するのも、なんだかかわいそうです。


そこで、このように語りかけてみました。

「**〇〇くんは賢いね、頭がいいね**」

すると、

「賢くなんかないよ」

と答えてきたので、

「そんなことないよ。だって、さっきから、僕の言うことの反対のことばかり言っているでしょう。**反対が言えるってことは、正解が分かっているからだよ。だから、頭がいいねって言ったんだ。**

でも、他の子は、○○くんみたいにすぐには分からないから、ちょっとみんなに合わせて待っていてほしいんだ」

私がそう言うと、その子は何も言い返さず、じっと私を見たまま、深くこくりとうなずきました。その後は、まるで人が変わったように、真面目に話を聞き、後片づけも率先して手伝ってくれたのです。

おそらく、その子は自己表現が苦手な子だったのでしょう。正反対のことを言ってくるのも、その子なりの自己アピールだったのだと思います。

それを、肯定的にとらえてもらえたことで、自分の存在を認めてもらえたと満足したのでしょう。

お釈迦さまが息子に説いた、「人として何より大切なこと」

お釈迦さまの息子、ラゴラは出家して仏弟子となられましたが、まだ幼くいたずらざかりで、時々ウソをついては、人をだまして面白がっていました。

「これは放置できぬ」と思われたお釈迦さまは、ラゴラのところに出かけられたのでした。

タライの水で御足を洗い終えたお釈迦さまは、

「ラゴラよ、お前はこの水を飲めるか」

とたずねられました。

「飲めません。汚れていますから」

「水はもともとは美しい、しかし、お前は汚れた水のようなもの。

お前は出家の身となったが、真面目に修行もせず、ウソをついて人をだまし、約束も守らない。

その結果として誰にも愛されず、見向きもされなくなるのは、お前自身なのだぞ」

お釈迦さまの厳しさと同時に、自分のこれからを心配してくださっている深い愛情を感じたラゴラは、心を入れ替え、真面目に仏道修行に取り組み、信頼され、愛される仏弟子になったといわれます。

お釈迦さまは、幸せな人生を歩むための六つの道を説かれた「六波羅蜜」の2番目に「**持戒**《じかい》」を教えられています。

持戒とは、戒（きまり）を守ることですが、平たくいうと約束を守るということです。

約束したこと、やると言ったことをきちんと守っていくことで、この人は信頼できる人だから安心と、つながりを深めていくことができます。

小さな約束をコツコツ守っていくことで、周りから信頼される自分になることができます。


心理学でも、人が信じるのは「何を言うか」よりも、「何をするか」であるとされます。

ある人が料理をおいしそうに食べながら、「まずい」と言った様子を見せて、「この料理は、おいしいと思いますか、まずいと思いますか」と聞いたところ、大半の人が、「おいしいと思います」と答えました。

今度は逆に、料理をまずそうに食べながら、「おいしい」と答えた人を見せて、同じ質問をしたところ、大半が、「まずいと思う」と答えたという実験があったそうです。

このことからも、人は、**どんな言葉を言っているかよりも、どんな行動をしているかを重視している**ことが分かりますね。

「自分を信じてよ」「今度だけは本当だから」「おれのことが信じられないのか」と言っても、行動が伴わなければ結局、信じてもらえなくなります。

ですから、お互いに信頼を深めていくには、お釈迦さまの教えられるように、お互いの間の約束や決まりごとを丁寧に守っていくことです。

「夜は7時に帰宅しますよ」と言ったら、きちんと約束を守る。

「午後3時に、○○の駅のカフェで待ち合わせましょう」と言ったら、遅れないようにそこに行く。

「週末、食事に行きましょう」と言ったら、ちゃんと段取りして、声をかける。

当たり前のことなのですが、忙しくなると忘れてしまったり、後回しにしてしまいがちです。

また、都合が悪くなると、「ごめん、仕事が入ったから、行けなくなった」とメール1本で、安易にキャンセルしてしまうこともあるでしょう。

キャンセルしたほうは、用事が入ったのだから仕方がないと思っても、キャンセルされたほうは、食事の用意をしていたり、日程をあけて、どのお店にしようかいろいろ考えたりしていたのですから、がっかりするでしょう。

そういうことが続くと、この人の言うことは当てにならない、私との約束はあまり大事にしてくれない、自分は優先順位を低く見られているのかなと、相手は悲しい気持ちになってしまうものです。

お互いの信頼関係を深めるには、まず、相手との約束をきちんと守ることです。**自分がこれぐらいはいいだろうと思っていることでも、相手にとっては重要なことかもしれません。**

ですから、小さな約束（と自分が思っている）こそ、丁寧に守っていく心がけが大事です。

自分にどんな事情があれ、約束を破られた相手は、面白くないものです。それが積み重なると、それまで築いてきた信頼も損なわれてしまいます。

しかし、毎日、いろいろなことがありますから、そのときはできると思ってした約束も、状況が変わって果たせなくなることもあるでしょう。

そんなときはどうしたらいいのでしょうか。

お釈迦さまは、布施の中に、心からのお礼やお詫びの言葉を言うことを挙げられています。

相手に迷惑をかけたときに、心からお詫びの言葉を述べることは、とても大切なことなのだと教えられています。

約束が守れなくなったとき、相手に迷惑をかけたとき、誠意をもってお詫びすることが大事ですね。

まず、約束が果たせないことが分かったとき、なるべく早く相手に告げることが大事です。

直前になって、「行けなくなった、できなくなった」では、相手の予定も狂ってしまいますから、なるべく早く伝えることが大事です。

約束通りできるかどうか分からないときでも、「結局、できませんでした」では相手を困らせますので、**予定通りにできないかも知れないと思った時点で、相手に伝えておくことが大事でしょう。**相手にとっては、状況を伝えてくれるので安心ですし、この人は丁寧な人だなと感じさせ、より信頼につながります。

次に、結局、約束が守れなかったときは、誠意をもってきちんとお詫びすることです。

よく、**お詫びよりも先に、約束を守れなかった理由を言う人がいますが、言い訳しているように聞こえますから、印象はよくありません。**

まずは、先にきちんとお詫びを言うことを心がけましょう。

「ごめんなさい。この間、約束していたのに、キャンセルしてしまい本当にすみません。予定を空けてくれていたのに、本当にご迷惑をおかけしました」

ときちんとお詫びすれば、相手もその気持ちを受け止めてくれるはずです。

そのうえで、理由や事情を説明することが大事です。

致し方ない理由や、事情があったんだなと分かれば、悪気はなかったんだから許そうという気持ちになります。

決して、いい加減に思っていたわけではなく、努力したのだけど、こういう事情でできなかったということを分かってもらうことで、安心してもらえます。

相手に迷惑をかけたなと思ったら、ためらわず、誠意をもってお詫びすることを心がけていきましょう。

愛情、友情は「育てるもの」。相性がすべてではありません

自分と気が合う、相性がいいと感じる人がいます。

初めて会ったのにとても懐かしい感じがする人、すぐに打ち解けて仲良くなれる人がいれば、一方でなかなか話がはずまなかったり、打ち解けることができない人もいますね。

しかし、気の合う人や相性がよいと感じる人とでも、長く良好な関係を築いていくには、お互いが努力して、よい関係を育てていかねばなりません。

あの人は気が合う、自分のことを分かってくれると思っていても、わがままに振る舞えば、ケンカになってしまうもの。

夫婦でも、お互いの存在が当たり前になって、ぞんざいに接するようになってくると、せっかく縁あって一緒になったのに、心が離れてしまいます。

逆に、最初は気が合わないと思っている人でも、一緒に仕事をしていく中で、意外なよい面を発見して、その後も仲良くやっているということもあります。

私たちは、周りの人の人間関係を、ついつい合う合わないといった、もともとの相性のよし悪しだけで考えてしまいがちですが、出会ってからの愛情や友情を育む努力のほうが、もっと大切ではないでしょうか。

仏教由来のことわざに「**袖《そで》振り合うも多生《たしょう》の縁**」というものがあります。

多生の縁の「多生」とは、果てしない過去世から、何生にもわたって、ということです。「縁」とは、つながりということです。

電車の中で、見知らぬ乗客と、袖が触れ合ったり肩が触れ合ったりすることがあります。

そんなふうに袖や肩が触れ合うだけでも、果てしない過去世、生まれ変わりを繰り返してきたいろいろな生の中で、何度もつながりのあった人なのだということが、「袖振り合うも多生の縁」ということです。

地球上には何十億の人々がいますが、そのほとんどの人とすれ違うことさえもありません。まったく縁のないまま、この世から去ってしまう人ばかりです。

そう考えると、同じ電車に乗り、肩と肩が触れ合う人は、どんなにか自分とつながりの深い人なのでしょうか。

過去世からのつながりがあったからこそ、肩と肩が触れ合ったのだということです。

袖や肩が触れ合うだけでも、過去世からの縁があってのことなのですから、友達になる人、夫婦になる人、家族となる人は、よほどの深い因縁があってのことなのでしょう。

職場で、自分と合わないなと思う人がいても、同じ職場で一緒に仕事をしているということは、ものすごく深い縁があってのことです。

ですから、相性のよし悪しで片づける前に、せっかく深い縁があって出会った人ですから、少し、仲良くなる努力をしてみるといいですね。

優しいまなざしや、笑顔で接することを心がける。
感謝やいたわりの言葉をかけあう。
お互いの約束は、きちんと守るなど、ちょっとしたことなのですが、それを続けて実行していくことで、よりよい関係が育まれます。

よく、「釣《つ》った魚にエサはやらない」といって、つきあう前は優しくしていたのに、つきあい始めたり結婚したりすると、途端に態度が冷たくなってしまうという人がいますが、これはよくないことです。

どちらが釣られたのかはさておいて、釣った魚にこそ、エサをあげて大事にしなければ、その後の幸せはないでしょう。

「努力は成功の母」というイギリスのことわざがありますが、人間関係においても同じだといえます。

友情や愛情を育むのにどれだけ努力をしているかを、改めて振り返ってみましょう。

時間をかけたぶんだけ、その人が「かけがえのない人」になっていく

サン・テグジュペリの名作『星の王子さま』は、200カ国以上の国で読み継がれ、1億5千万部をこえる大ベストセラーです。

児童文学として書かれていますが、大人が読んでも、忘れてしまったものを思い出させ、考えさせられるメッセージがたくさんあります。

その物語の最後に、このような場面があります。

王子さまの星には、1本の綺麗なバラが咲いていました。そのバラは、王子さまが、大切に世話して育てたバラでした。ところが、自分の星を離れ、地球にたどり着くと、そこには、バラが何千本と数限りなく咲いているのです。

王子さまは、たった1本しかないと思っていたバラが、こんなにたくさんあったのだと知り、とても落胆して悲しい気持ちになってしまいます。

そんな王子さまの前に姿を現わしたキツネが、こんなふうに話しかけます。

今出会ったばかりの自分たちはまだ、お互いにとって、いてもいなくても同じなありきたりの存在だ。けれど、**親密になって絆を結んだら、お互いに相手が特別になり、必要になり、世界でひとりだけの唯一無二の存在と感じるだろう**、と。

やがて、キツネとともに時間を過ごし親友になった王子さまは、再びバラ園に行き、たくさんのバラたちを見て、今度はこう思いました。

このバラたちも、他の人から見れば、自分の星の1本しかないバラと何ら変わらない同じ花と思われるだろう。けれど、**ここに咲いているすべてのバラよりも、あの自分の星のバラだけが大切で特別なのだ**。なぜなら、自分があのバラに水をやり、世話を焼いて、話を聞いてやり、面倒を見たのだから、と。

王子さまは、自分のバラだけが、かけがえのない存在だったのだと気づいたのです。

そして別れ際、キツネは王子さまに、ある秘密を打ち明けました。

「いちばんたいせつなことは、目に見えない」

「きみのバラをかけがえのないものにしたのは、きみが、バラのために費やした時間だったんだ」（新潮文庫『星の王子さま』河野万里子訳）

『星の王子さま』の中でも、多くの人に感動を与える場面です。

王子さまにとって、そのバラをかけがえのないものにしたのは、バラの美しさだけではありません。王子さまが、バラに費やした時間であり、苦労だったのです。

家族、兄弟、友人、恋人——私たちには大事な人がいますが、その人たちをより大事に思えるのは、ともに苦労し、時にはケンカしても、仲直りしながら、費やしてきた努力や時間ゆえです。

苦労したぶん、努力したぶん、大切な人がより大切になっていくのです。

〝すぐそばにある優しさ〟は、昼間の星の光のようなもの

人間関係で悩んでしまう理由の根っこには、仲良くなればなるほど、相手に多くのことを求めてしまうことにあります。

たとえば、初めて会ったばかりの人には、その人の時間を必要以上に拘束しようとしたり、特別な何かをしてもらうことを期待したりはしないでしょう。他人は他人、自分は自分という線引きがあるからです。

ところが、親密になり、相手が自分の欲求を満たしてくれるようになり、かつての線引きが消えると、もっともっとと、相手に求める心が抑えられなくなります。

お釈迦さまは、これを渇愛《かつあい》といわれました。

喉《のど》の渇《かわ》きを癒すために塩水を飲むと、もっと喉が渇きます。それを潤すためにさらに飲むと、渇きはさらにひどくなります。

同じように、欲求が満たされると、もっと、もっとと、ますます求める心が渇きます。この「もっと」にはキリがありません。

恋愛などで苦しむのも、この渇愛によるものです。

最初は、返信がくるだけでうれしい。電話がかかってきただけで、世界の中心で愛を叫びたくなります。

ところが、親密な時間を一緒に過ごすことを重ねると、どうしてすぐに返信してくれないの、なんで会いたいときに会えないのと、思い通りにならない相手にいらだち始めます。

すると、すべてのわがままを受け止められる、寛大《かんだい》な人はそういませんから、「私だって、いろいろあるのよ」「こっちの都合や予定も考えてよ」とケンカになります。

こういうことは誰にでもあるのですが、中には過度に相手に要求しすぎて、よい関係がいつも長続きせず、孤独になる人もいます。

どうして、こういうことになってしまうのでしょうか?

それは、自分の思い描いている理想を、相手に重ねすぎているためでしょう。

「自分のことを愛しているのなら、こうしてくれるはずだ」
「きっと、私の期待に応えてくれるはずだ」
「私を大切にして、これくらいの小さな希望ならかなえてくれるはずだ」

……そんな理想があまりに強いと、自分の家族や恋人が予想外のことをするたび、自分は愛されていないのだと、傷つき苦しむことになります。

けれど、相手にも相手の都合がある。

どんなにあなたのことを思ってくれていても、誰しも余裕がないとき、忙しいとき、イライラしているときがあります。

だから、相手の欲求をすべて受け入れることなんて、できるはずがないのです。

あまりに強く理想を要求していると、相手があなたにしてくれている、ちょっとした思いやりに気がつかなくなります。

理想の姿を求めるよりも、現実の相手を見てあげましょう。

あなたの周りには、たくさんの小さな思いやりや、優しさがあふれているのです。

真っ暗な夜空を見つめていると、だんだんと星のきらめきが見えてきます。
太陽が沈むと、昼間は太陽の光によってかき消されていた、星の光に気がつくようになります。

理想という偽りの灯火《ともしび》を消して周りを見てみると、あなたにずっと届けられていた、たくさんの小さな優しさや思いやりに気がつくようになるのです。

4章

不安・イライラ——ざわつく心が静かになるお話

腹を立てる人にも「三種類」あります

現在はストレス社会といわれますが、人と人との関わりの中で腹が立ち、イライラで苦しむことも多いもの。

もし、カチンとくることを言われても、さらりと流すことができたら、どんなにラクに生きることができるでしょう。

お釈迦さまは、怒りについてどのように向き合えばよいかを、次のようなたとえ話で説かれました。

あるところに、大変、怒りっぽい男がいました。ちょっとしたことで腹を立て、あたりちらすので、困った家族は、お釈迦さまのご説法を聞きに行かせたのでした。

お釈迦さまは、それを見透かされたように、

「この世には三通りの人がいる。
水に書いた文字のような人と、
砂に書いた文字のような人と、
岩に刻《きざ》んだ文字のような人である」

と話し始められたのでした。

「水に書いた文字のような人とは、水の上に文字を書いても、流れて形にならないように、他人の悪口や不快な言葉を聞いても、少しも心に跡《あと》をとどめることなく、さらさらと手放せる人である」

「砂に書いた文字のような人とは、しばしば腹を立てるが、しばらくすると、砂に書いた文字のように、怒りが速やかに消え去る人を指す」

「岩に書いた文字のような人とは、しばしば腹を立てて、その怒りを長く続け、岩に刻み込んだ文字のように怒りが消えることのない人をいう。

さて、皆さんはどれに当てはまりますか?」


この説法を聞いていた男は、ぎくりとしました。

(おれは腹を立てるといつまでも根に持って、相手を恨《うら》んできた。恨めば恨むほど、腹を立てれば立てるほど、怒りや恨みが心に刻まれ消えなくなった。おれは怒りを岩に刻み込んだような人間だ……)


「さて、その怒りで身を焦《こ》がし、苦しんでいるのは誰だろうか?」

お釈迦さまの言葉が、多くの聴衆を通り越して、直接、男の心に響いてくるようでした。

（ああ、おれはいつもイライラして、周りが信じられず、疑心暗鬼になって苦しんできた。怒りに支配され、家族や友人にひどいことを言って傷つけてきたが、結局、それでひとりぼっちになって苦しんできたのはおれだった……）


思わず、男は声を上げました。

「お釈迦さま、私はもう、怒りで家族も自分も傷つけたくはありません。どうしたらよいのでしょうか。どうかお教えください」


すると、お釈迦さまはニッコリほほえまれ、

「怒りの蛇《へび》を、口から出すのは下等の人間。

歯を食いしばって、口から出さないのが中等の人間。

胸に蛇は狂っていても、顔に表わさないのが上等の人間である。

怒りの蛇をぐっと飲み込んで、和顔愛語《わがんあいご》（優しい表情と言葉遣い）を心がけな

さい」

と「忍辱《にんにく》（忍耐）」の素晴らしさを説かれました。

男は、お釈迦さまの教えを大切に実践し、近所でも、あの男ほど腹を立てない、温和な人はいないと言われるほどになったそうです。

お釈迦さまが「六波羅蜜」の三つめに説かれた忍辱とは、**腹が立つようなことを言われても、怒りの心をなるべく起こさないようにすること**です。

そして、怒りを外に出さないように心がけることです。

では、どうしたら、怒りの心を起こさないようにすることができるのでしょうか。

続けて、お釈迦さまから教えていただきましょう。

どんな悪口も受け取らなければ、風や雨の音と同じ

「売り言葉に買い言葉」といいますが、私たちは何か心外なことを言われると、言い返したくなります。

意地やプライドで、もう後には引けない。そういう状態になると、怒りが怒りを呼び、どんどんエスカレートして、大きなケンカに発展してしまいます。

お釈迦さまは、ご自分を非難する者に対して、どのような態度で応じられたのでしょうか。こんなお話が伝えられています。

あるとき、男がお釈迦さまのところに来て、さんざん悪口を言い、ひどくののの

しりました。

腹を立てさせて、お釈迦さまの名声を損なおうという魂胆《こんたん》だったのです。

それを黙って聞いておられたお釈迦さまは、男が言い終わると、静かにたずねられました。

「お前は祝日に、家族や親戚たちを招待し、もてなすことはあるか」

「そりゃ、あるさ」

「親族がそのとき、お前の出した食べ物を食べなかったらどうする」

「食わなければ、残るだけさ」

「私に対して悪口を言い、ののしったとしても、私がそれを受け取らなければ、その悪口は、そこに残るだけで、誰のものにもならない」

「いや、いくらあんたが受け取らなくとも、あんたに対して言った悪口なのだから、あんたのものだ」

「私は受け取っていないのだから、お前の悪口は、お前の手元に残っている」

男はだんだんムキになって、問い返しました。

「それなら、どうすれば受け取ったといい、どうすれば受け取っていないというのか」

するとお釈迦さまは、穏やかに答えられました。

「ののしられたとき、ののしり返し、怒りには怒りで報い、打てば打ち返す。闘いを挑めば闘い返す。それらは与えられたものを受け取ったというのだ。

しかし、その反対に、**なんとも思わずにいるものは、受け取ったとはいわないのだ**」

「それじゃあんたは、いくらののしられても、腹は立たないのか」

と男が驚いて聞き返すと、お釈迦さまは静かにうなずかれ、

「智慧《ちえ》ある者に怒りなし。

よし吹く風荒くとも、心の中に波たたず。

怒りに怒りをもって報いるは、げに愚か者のしわざなり
（本当の賢さを備えた者に、怒りはない。

外で、風が激しく吹いていても、心が乱れることがないように、どんな暴言にも心乱れることはないのだよ。

逆に、怒りには怒りで報《むく》い、互いを傷つけ苦しむのは、愚か者のすることなのだ）」


と答えられました。

男はお釈迦さまのお徳に心打たれ、思わず、「私は、愚か者でありました。お許しください」とその場で、弟子になったといいます。

もちろん、お釈迦さまのように泰然自若《たいぜんじじゃく》とするのは、とてもできないことですが、心無い言葉や傷つくことを言われても、それを受け取らないようにする心がけは、とても大事ですね。

風の音や波の音に腹を立てる人はありません。
気に食わないこと、腹が立つことを言われたとき、それを、風の音や波の音を聞くように、さらりと流すことができれば、それ以上、苦しむことはありません。

どんな悪口も受け取らなければ、風や雨の音と同じです。
ぜひ、心がけたいものです。

相手を責めることより、自分のケアのほうが大事です

腹が立つと、あの人にこんなことを言われた、あいつにこんなことをされたと、自分を傷つけた相手を責めてしまいます。

相手に対して、言うべきことを言う。それはもちろん大事なことですが、えてして、**傷つけた相手への怒り・仕返しばかりに頭がいくと、傷ついた自分の心のケアを見落としてしまいます。**

ある奥さんの悩みを聞いていたときのことです。

奥さんの口から出てくるのは、旦那さんの欠点への不満ばかりです。

しばらくお話を聞いていても、その怒りは収まることなく、悪口とも思えるよ

うな言葉は、ますますエスカレートしていきます。


この方は、本当は何を分かってもらいたいのだろうかと思い、

「あなたは、旦那さんにどうなってほしいのでしょうか。

旦那さんが毎日の中で、どうしてくれたら、うれしいと思いますか」

とたずねてみると、

「……私が、彼のためにいろいろ考えて、おいしい食事を作ったり、掃除や洗濯、家事をしっかりしていることに、もっと感謝してほしい」

「もっと2人で、その日にあった出来事とかを、ゆっくり話したい。そういう時間がほしいです」

と言い、ポロポロと涙をこぼされたのです。


奥さんは本当は、旦那さんの小さな欠点一つひとつに腹を立て、憎んでいるわけではなかったのです。**旦那さんが自分のことを認めてくれない、自分は大切にされていないと感じることが寂しく、つらかったのですね。**

そこで今度は、その奥さんの寂しい気持ちをよく聞いていくと、怒りはおさまり、だんだんと気持ちが穏やかになっていかれたのです。

お釈迦さまは、

「怒りは、自分の思いが満たされなかったり、妨《さまた》げられたときに起きるのだ」

と教えられています。

腹が立って、相手を責めているときは、自分自身の満たされなかった思いや、傷ついた心があるのです。

この満たされない、傷ついた自分の心に気づくこと。

そして、その心のケアがなされない限り、どれだけ相手を責めても、怒りはおさまりません。

そこで、私は、

「寂しいお気持ち、よく分かりました。あなたが寂しい思いをしていることは、旦那さんは知っていますか?」とたずねてみました。

「いえ、私が文句ばかり言ってケンカになるので、分かっていないと思います」

「だったら、文句や、旦那さんを責めるような姿勢はやめて、『寂しい』という自分のありのままの気持ちを、素直に伝えてみてはどうでしょうか」

「そうですね。今夜、彼にちゃんと話してみます」

と答えてくれました。


妨げられ、傷ついた自分の気持ちに気がつくと、**自分の「こうしてほしかった」「これが嫌だった」という素直な気持ち**を伝えることができるようになります。

自分の素直な気持ちを伝えることができれば、相手もそれに応じた態度をとってくれるでしょう。

そうなれば、相手を責めようとする怒りも、自然と和らぐものです。

「正しいのはこっち」と信じてしまうのは恐ろしい

腹が立っているとき、私たちは「自分が正しく、相手が悪い」と思います。自分が悪く相手が正しいのに、怒って相手を責める人はありません。

腹を立て、相手を責めているときには、かならず「自分は正しく、相手が悪い」という思いがあります。

もちろん、客観的に見て、相手に非があり自分には非がないことも多いでしょう。ですが、正義は自分にありと思うと、怒りは正当化され、ますます深まっていきますから、気をつけなければなりません。

自分が正しい、相手が悪いとなると、自分が怒るのは当然という感覚になって、相手を責めることが正当化されます。

そうすると相手は加害者であり、自分は被害者という構図が固まりますから、ますます、相手にされたことに目が行き、怒りや憎しみが深まっていきます。

最初はそれほどでなくても、悶々《もんもん》と心の中で思っているうちに、余計腹が立ってしまうということはないでしょうか。

このとき大事なのは、どちらに非があるかは別として、自分が正義だと思うことの恐ろしさをよく知っておくことです。

人間は、自分が正義だと思ったときに、相手の事情や都合はお構いなしで、どんなにひどいことでもやってしまいます。

世界の戦争や、紛争、テロを見ても、それぞれが、それぞれの正義の名のもとに殺し合いをしています。そして、自分たちが正義だと思うと、一般市民にも残虐行為をしてしまいます。

数年前、正義の味方と悪の組織の違いという話がネットで話題になっていました。

その中で、**「正義の味方はいつも怒っている」**という一言がありました。その一言に妙に納得したのを覚えています。

確かに、仮面ライダーのような正義のヒーローは、悪の組織に対して、ためらいなく怒りをぶつけています。

しかし、**見方を変えてみると、ヒーローにバッタバッタと倒されていく名もなき怪人たちにも、家族はあるだろうし、いろいろな事情があって、地球征服に加担しているのではないかと思われます。**

場合によっては、組織にだまされたり、脅されたり、家族に仕送りをするために、不本意に駆り出された人もあるでしょう。そういう怪人たちに、容赦なく岩をも砕くケリを入れたり、バイクで跳《は》ね飛ばしたりしていくのを見ると、正義という大義名分とは恐ろしいものだと思わされます。

テレビや映画の世界ならいざ知らず、現実の私たちの社会の中で、一方的に相手が悪く、一方的に自分が正しいということはあるのでしょうか。

聖徳太子は、仏教の教えに基づいて、このように言われています。

「我必ず聖《ひじり》に非《あら》ず。彼必ず愚かに非ず。共に是《こ》れ凡夫《ぼんぷ》のみ（**私が一方的に正しいということも、相手が一方的に間違っていることもない。ともにこれ間違いだらけの凡夫なのだから**）」

凡夫とは、人間のことです。

私たちは、欲や怒り、妬《ねた》みといった煩悩《ぼんのう》のかたまりです。その煩悩のかたまりである人間同士、どちらかが一方的に正しい、間違いということはないでしょう。

相手の立場に立つと、それなりの理由や事情があることが分かります。相手の立場から見れば、相手の言い分も筋が通っていることもあります。

怒りや憎しみは、自分が正義だと思えば思うほど、岩に刻み込まれるように深まってしまうもの。

イライラしたり、怒りや憎しみの心が出てきたりしたときは、なるべく、その深みにはまらないように距離を置くことが大事です。

気分転換に、運動をする。音楽を聴く。テレビを見る。ゆっくり眠る。そうして、負のスパイラルにはまらないように心がけましょう。

その人のやることなすことが「許せない」と思ったときは

相手の言動を、受け入れがたいときがあります。

どうして、この人はこんなことを言うのだろうか？　どうして、こんなことをしてくるのだろうか？　理解に苦しむことがあります。

特に、腹の立つことをされたとき、相手の言動が理解できないと、あの人は性格がゆがんでいるのではないかと、相手の人間性のせいにして、その人を強く憎んでしまうことがあります。

そんなとき、いったん自分のことは横に置いて、相手の立場に立って考えてみると、その人の行動の理由が見えてきます。

その人の行動の理由が分かれば、自分も同じ立場なら、同じことをしたかもしれないと、怒りや責める気持ちを和らげることができるものです。

こんな話を聞いたことがありました。

ある装置の製作工場で働くMさんは、5人ほどの従業員のチームのリーダーをしています。もともと、Mさんも一従業員だったのですが、その前にMさんのチームのリーダーをつとめていたHさんが退職したことをきっかけに、仕事ぶりが買われてリーダーになったのです。

Mさんの会社では、常に作業の効率化が求められていました。チームの責任はリーダーに問われ、「今月はこれだけ作れ」という目標が課されるのです。ですから、リーダーはどうしても、同僚にプレッシャーをかけてしまいます。

Mさんは、自分が一従業員として、前のリーダーHさんのもとにいたときは、仕事帰りにはHさんの悪口ばかり言っていました。わざとみんなで、Hさんのことを無視したこともありました。

ところが、Hさんが退職して、自分がリーダーになってしばらくしたときのことです。同僚から、

「言いにくいんだけど、最近、Hさんと同じことをやっているよ」

と言われて、愕然《がくぜん》としたそうです。

「これまで、**Hさんのことを悪い人だと思っていたのだけど、Hさんもやりたくてやっていたわけではなくて、この立場につくとどうしても、そうなってしまう。**だから、Hさんに文句ばかり言っていたことが、とても申し訳なかったと思いました」

とMさんは私に語ってくれました。

一従業員の視点で見れば、「もっと早くしてください。どうしてできないんですか」と言われると、こっちだってがんばっているんだし、そこまで言うことないだろうと腹が立ちます。

ついつい、なんて冷たい人なんだろう。自分さえよければいいのかと、相手を責める気持ちになってしまいますが、相手の立場に立って考えてみると、「自分も同じ立場だったら、同じことを言ったり、やったりしただろうな」と相手を理解できることがあります。

相手の立場が理解できると、あの人があんなことを言ってくるのは、あの人の人格の問題ではなくて、あの人の置かれた環境がそうさせているのだなと分かります。すると、その人自身を恨む気持ちが、和らぎます。

親鸞が語ったことをまとめた『歎異抄《たんにしょう》』という本の中で、弟子の唯円《ゆいえん》に、

「わが心の善《よ》くて殺さぬにはあらず、また害《がい》せじと思うとも百人千人を殺すこともあるべし

（私の心が清らかだから、殺人という恐ろしいことをしないのではないのだよ。殺してはならないと思っても、百人、千人を殺すこともあるのだよ）」

と話されるところがあります。

そして、その後に、

「さるべき業縁《ごうえん》の催《もよお》せばいかなる振る舞いもすべし
（人間とは、そういう縁〈環境、きっかけ〉がくると、どんなことでもやってしまうものだ）」

とおっしゃっています。

立場や、環境が変われば、とてもこんなことをしないだろうということでも、やってしまうのが人間なのです。


テレビや新聞では毎日、さまざまな犯罪事件が報道されています。

「どうして、あんなひどいことができるのだろうか」と思う事件もあります。

ですが、犯人の生い立ちや環境を詳しく知ると、自分も同じ環境や境遇に生まれ育ったならば、同じことをしたのではないだろうか？　と問うてみると、絶対にやらないとは、とても言い切れないと思い知らされます。

やりたくないと思っていることでも、そういう環境や立場に立たされると、やってしまうのが人間です。

相手の言動が理解できず、困ったときは、相手の立場から見ること。

自分も同じ立場なら、同じことをやったかもしれないと知らされると、相手を少しずつ理解できてくるものです。

嫌な人がいても、みなしばらくのご縁。やがてこの世からいなくなります

南北朝時代、夢窓疎石《むそうそせき》という僧侶が弟子を連れて、天龍川《てんりゅうがわ》にさしかかったときのことです。

渡し舟に乗り込むと間もなく、酒に酔ったひとりの武士が乱暴に乗り込んできて、船中で暴れ出しました。乗客はみな迷惑していましたが、怖いので黙っていました。

疎石が、

「どうか、もう少しお静かに願います」

と優しく頼まれると、武士は、

「何をこの坊主、わしに説教するつもりか」

と、いきなり鉄扇《てっせん》で疎石の眉間《みけん》を打ちすえたのです。

疎石の額《ひたい》からタラタラと垂れる鮮血を見た弟子の僧たちは、

「おのれ、お師匠さまに何事か！　成敗《せいばい》してくれる」

と息巻きます。この弟子たちは今でこそ出家の姿をしていますが、元は武士、腕に覚えのある者たちばかりでした。

そんな弟子たちを見て、疎石は、

「お前たちは、口先ばかりの忍耐であってはならぬ。これくらいのことで怒るようでは、仏道修行はつとまらぬぞ」

と戒《いまし》められ、

「打つ人も　打たれる人も　もろともに　ただ一時の　夢の戯《たわむ》れ」

と歌を詠んだといわれます。

相手を責めて傷つける人も、責められて傷つけられる人も、ともに、夢の中の戯れなのだ。やがてこの世を去り、いなくなってしまうのだという歌です。

勝った負けた、盗った盗られた、ほめられたそしられた。

そんなことを繰り返しているうちに、お互いあっという間に、はかない人生は終わってしまう。

はかない一生を怒りにまかせて終えてしまっては、なんのための人生か、と夢窓疎石は戒められたのです。

毎日、生きていると腹が立つこともあります。いわれなき非難を受けてしまうこともあるでしょう。

けれど、非難する人も、される人も、数十年後にはお互いにこの世を去り、いないのだなと思うと――争いごとに自分の大事な時間を費やすのはもったいない。もっと大事なことに時間とエネルギーを使おう、と思えるのではないでしょうか。

上手な〝気持ちの落ち着け方〟を持っていますか

人生は、思い通りにならないもので、失敗やトラブルはつきものです。失敗すると焦ってしまい、どうしていいか分からなくなり、迷ってしまいます。

また、気に食わないことを言われるとカチンと頭にきて、その後もイライラしてしまうものです。

しかし、焦ったり迷ったり、イライラしたりしたときこそ要注意です。

こういうときこそ、頭を冷やして、心を落ち着かせなければならないのです。

なぜならば、この焦りや迷いやイライラがきっかけとなって、想像もしていなかったような、大変な状態におちいってしまうことがあるからです。

仏教では、私たちが苦しむことになる過程を、「惑業苦《わくごうく》」と教えられます。

「惑」とは、惑《まど》いということ。イライラや、焦り、心の迷いです。

「業」とは、悪い行ないのこと。

「苦」とは、その悪い行ないが生み出す苦しみのことです。

ちょっとした迷いや、焦りが、さらなる失敗を招き、余計に苦しむ。

すると、もっと気持ちが焦り、さらに大きな失敗を重ね、もっと苦しむという負のスパイラルにおちいります。


小さな失敗をごまかすために、ウソをつく。

そのウソがばれないようにするために、さらに大きなウソをついてしまう。

とうとう、隠し切れなくなって、信頼を失ってしまう。

これぐらい大丈夫だろうと、消費者金融に借りたお金がどんどんふくらみ、ついには会社のお金を使い込んでしまう。

大きな事件や不祥事といっても、その出発点にあるのは、誰にでも起きる小さな心の迷いや焦りなのです。

だから、心が焦り、乱れているときは、まず、落ち着いて気持ちをしずめることが大事です。

お釈迦さまが、六波羅蜜の五つめに教えられている「禅定《ぜんじょう》」とは、心をしずめ定めるということ。

分かりやすくいうと、**心を落ち着けて、静かに自分自身を振り返る**ということです。

焦っているとき、迷っているとき、イライラしているとき。

そんなときは、行動を起こす前に、まず、心を落ち着けるようにしましょう。

心の落ち着け方は、人それぞれ、その人に合った方法があると思います。

- 深呼吸をする
- 散歩や軽い運動をする
- 好きな音楽を聴く
- 友人に話を聞いてもらう
- 日記を書く
- まず、よく休む

などさまざまですが、自分にあった気持ちの落ち着け方があるといいでしょう。

波立つ心をしずめ、静かに自分自身を振り返ると、普段、見落としているたくさんの大切なものが見えてきます。

5章

毎日、小さなことから……
「いいこと」を
引き寄せるお話

幸せ・不幸せは、何で決まる？
――お釈迦さまが説いた「運命」のしくみ

私たちは、みんな幸せを求めて生きています。不幸せになりたい人なんて、どこにもいませんね。

だから、仕事を選ぶときも、「この仕事のほうが、自分は幸せになれるだろう」と思って決めますし、結婚相手を選ぶときも、「この人となら幸せになれるだろう」と思って決めています。

それでも人生は、うまくいくときもいかないときもあります。

一体、私たちの幸せ・不幸せは、何によって決まるのでしょうか。

お釈迦さまは、私たちの幸せ・不幸せを決める法則を、ハッキリと教えられて

います。

その法則を一言で示されたのが、「自《じ》業《ごう》自《じ》得《とく》」という有名な仏教の言葉です。

自業自得という言葉は、誰でも知っている言葉ですが、その正確な意味は、**「自分のした行ないの結果を、自分が得る」**ということです。

業とは、「カルマ」という梵語《ぼんご》を漢字に訳したもので、行ないという意味です。ですから、自業自得とは、自分の行ないの結果を自分で得るということになります。

自業自得というと、まったく勉強せずに遊びほうけていて、留年をしてしまった学生に対して、「勉強しなかった君の自業自得でしょ」というように使うことが多いですが、悪いことが起きたときだけが自業自得ではありません。

よい結果も、悪い結果もすべて、自分の行ないが生み出したものですよという

のが、「自業自得」の本来の意味です。

一生懸命に勉強して、成績が上がったことに対して、自業自得ですねというのは、なんだか違和感がありますが、**「あなたの努力が実った結果ですね」**ということですから、自業自得といって間違いありません。

もし、運命は誰かが決めているものなら、努力しても変えることができないことになってしまいます。あきらめるしかありません。

しかし、あなたの行ないがあなたの運命を生み出しているという自業自得の教えは、自分の行ないを変えれば、自分で運命を変えていくことができると説いているのです。

運命は誰かが決めたものでも、与えたものでもありません。

運命は、自分自身が作っていくものであり、あなたの運命の主人公はあなた自身ですよというのが、お釈迦さまの運命の法則なのです。

「因果応報」の本当の意味から、わかること

「因果応報」という仏教の言葉があります。これも自業自得と同じで、私たちの運命がどのように決まるのかということを教えた言葉です。

因果応報とは分かりやすくいうと、**「まいたタネに応じた結果が現われる」**ということです。

朝顔のタネをまくと、朝顔の花が咲く。
ひまわりのタネをまくと、ひまわりの花が咲く。
それと同じように、私たちの行ないに応じた結果が現われるのですよと、お釈

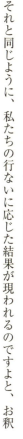

迦さまは教えられました。


あなたが優しい表情や話し方を心がければ、周囲の人から好かれ慕われます。

あなたが意地悪そうな表情や話し方をしていれば、周囲の人は遠ざかります。

自分の行ないが、自分に返ってきただけなのです。

たとえば、どれだけ健康についての知識を身につけても、食生活をよくする、適度に運動するといった、健康になるためのタネをまかなければ、健康という結果は得られません。

「行ないに応じた結果だけしか、返ってこない」というのが、因果応報の教えです。

このことをさらに詳しくお釈迦さまは、

善因善果《ぜんいんぜんか》　悪因悪果《あくいんあっか》　自因自果《じいんじか》

と教えられています。

これは、

幸せのタネをまくと、幸せの花が咲きますよ。

苦しみのタネをまくと、苦しみの花が咲きますよ。

自分のまいたタネは、かならず、自分に現われますよ。

そのタネとは、あなたの行ないのことですよ。

ということです。

このことが分かると、誰しも幸せを求めていますから、幸せのタネをまこうという気持ちになります。

そして、苦しみたい人はひとりもいませんから、自分を苦しめ、傷つける行ないを慎もうという気持ちになります。

では、どんな行ないが、幸せという運命を生み出すのでしょうか。

幸せのタネとはなんでしょう？　このことについて、お釈迦さまは大変詳しく教えられています。

それを次の項目で、ご紹介していきたいと思います。

「今考えたこと」が、現実を作り出している

仏教では、私たちの行ないのことを「業」といいますが、その行ないは、体と、口と、心の三つがあります。

これを、**身業**《しんごう》、**口業**《くごう》、**意業**《いごう》といいます。これらの行ないがタネとなって、運命を生み出していると説かれています。

「身業」とは、**体の行ない**のことです。

たとえば、どんなものを食べているのか、適当な運動をしているかという行ないによって、健康になったり、不健康になったりしますね。

「口業」とは、**口の行ない**のことです。

口は災いの元といわれるように、人間関係が円滑にいくかどうかは、言葉の使い方、話し方によるところが大きいのです。丁寧な言い方を心がけていると、人間関係もスムーズにいきます。

「意業」とは**心の行ない**のことです。心の中だけでいろいろと思うことも、仏教では行ないだと説かれます。

頭に浮かぶ取り留めのないことから、感謝や喜び、イライラや、怒りの感情も心の行ないです。その人の考え方や価値観も、心の行ないに入るでしょう。

心で思っていることは、口や体に表わさなければ誰にも分かりません。だから、何を思っていても言葉や行動に出さなければ、いいだろうと考える人があります。

しかし、仏教では、体と口と心の三つの中で、心の行ないを、最も重く見ます。

なぜなら、心の行ないがあらゆる行動の元になっているからです。

イライラしているときは、どうしても、口調も荒くなってしまいます。

焦っているときは、注意力が散慢になって、ケアレスミスが多くなってしまいます。

ストレスがあると、過食になったり逆に食欲が落ちたりします。

私たちのさまざまな行動の元が心にあることは、誰でも納得できることでしょう。

また、考え方や価値観によって、日々の行動や生き方が決まります。行動や生き方が、その人の人生を作っていくのですから、その人の心がどちらを向いているかということは、とても重要なことですね。

そして、元となる心の姿を見つめることで、多くの気づきを得ることができます。

たとえば、「最近、食べすぎだな、これ以上、食べすぎないようにしよう」と気をつけても、なかなか思う通りに食べる量をコントロールできないものです。

そういうときは、どうして食べすぎてしまうのだろうか、と自分の心に目を向けてみる。

すると、ストレスがたまっていて、そのストレス発散のために過食がちになってしまっていることに気がつくかもしれません。

そうすれば、食べることではなく、音楽を聴いたりゆっくりお風呂に入ったり、といった別の方法で、ストレスを発散させようと対策を立てることができますね。

仕事でミスが続いたときも、単に、「気をつけよう」ではなく、どんな心の状態のときに、ミスしてしまうのかを自覚すると、ミスを減らすことができます。

「焦るとかならず、ミスをしてしまう」という自覚があれば、「今、焦っているから、いつも以上に慎重にチェックしよう」とか、「気持ちが落ち着くまでは、とりあえず行動しない」といった対策を立てることができます。

日々の心と口と体の行ないが、タネとなって、幸せ・不幸せという運命を生み出しています。

中でも、**口や体の行ないの元になる、心の姿をよくよく見つめなさいと教えられているのです。**

まいたタネは、遅いか早いかの違いがあるだけで、かならず花ひらきます

仏教では、努力のことを「精進《しょうじん》」といいます。肉を使わない精進料理から、肉を食べないことを精進だと思っている人もありますが、そうではありません。

精進とは、精一杯進むということで、努力することをいうのです。

そしてこの「精進」が、お釈迦さまが六波羅蜜の四つめに説かれたことでした。

お釈迦さまは、

「まいたタネは、遅いか早いかの違いがあるだけで、かならず花ひらく」

と教えていかれました。

私たちは何かを始める前に、芽が出るかどうかを気にしてしまいがちですが、

まいたタネはかならずひらくのだから、地道な努力が大切だと教えられています。

地道なたゆまぬ努力の大切さを、お釈迦さまが弟子に教えられたお話があります。

お釈迦さまの弟子のひとり、シュリハンドクは、生まれつき智慧《ちえ》が足りず、自分の名前を覚えることさえできませんでした。

昼食の時間にお釈迦さまがいらっしゃると、ハンドクの姿が見当たりません。そこにいた弟子たちに、「ハンドクはどうしたのだ」とたずねられると、「どこかで道にでも迷ったのでしょう。そのうち、帰ってくると思います」と冷たい返事です。するとお釈迦さまは、

「お前たちは、仲間に対してなんて冷たいのだ。お前たちが探しに行かないのなら、私が探しに行く」

と弟子たちを叱り、ご自身でハンドクを探しに行かれたのです。

しばらくすると、木陰でシクシク泣いている、ハンドクの姿を見つけられました。

「どうした。ハンドク、具合が悪いのか？」

「いえ、どこも悪いところはないのですが、どうして自分はこんなに愚かなんだろう、みんなの足を引っ張ってばかりなんだろうと思うと情けなくて、情けなくて……」

ハンドクは、わんわん泣き出しました。

するとと、お釈迦さまは、

「悲しむ必要はない。お前は、自分の愚かさを知っている。世の中には、本当は愚かなのに、自分は賢いと思っている愚か者が多い。愚かさを知ることとは、最も悟りに近いのだよ」

と優しく慰められました。

そして、１本の箒と「ちりを払わん、あかを除かん」の言葉を授け、ハンドクに毎日掃除をすることを勧められました。

ハンドクは、お釈迦さまのおっしゃる通りにしようと決意しましたが、「ちりを払わん、あかを除かん」の言葉がなかなか覚えられません。

言葉に詰まるたびに、後ろでお釈迦さまが、「あかを除かんじゃ」とおっしゃる。

これを何回も繰り返すうちにようやく、ひとりで言えるようになりました。

ハンドクは、毎日、掃除を続けました。

来る日も来る日も、20年間、毎日掃除をしました。

ハンドクはやがて、

「ちりやほこりは、『ある』と思っているところばかりにあるのではなく、『こんなところにはないだろう』と思っているところに、意外にあるものだ」

ということに気づきました。

そして、

「おれは愚かだと思っていたが、自分の気づかないところにこそ、どれだけ愚かなところがあるか分かったものではないぞ」

と驚きました。

このとき、ついに彼は、阿羅漢果《あらかんか》という高い悟りをひらいたといわれます。

お米のように、タネをまいたその年のうちに、実りを得るものもあります。桃栗3年というように、タネをまいて3年後に、実がなるものもあります。

タネにもすぐに実をつけるもの、遅く実をつけるものがありますが、まいたタネはかならず生えることは間違いありません。

目先の結果にとらわれず、地道な努力でタネまきを続けることが大事だと教えられたお話ですね。

努力はこんなとき、パッと実を結ぶ

私たちはがんばろうと取り組んでも、すぐに目に見える結果が出てこないと、「やってもダメだ」と心がなえてきて、投げ出してしまいます。

でも、**努力や学習の成果というものは、じわじわ効果が出てくるというよりも、あるときを境《さかい》に、パッと実を結ぶ傾向があるのです。**

だから、最初は結果が出なくても、コツコツ続けていくことが大事です。

子供の頃、私は鉄棒の逆上がりができず、いつもひとりで練習していましたが、ある日、急にできるようになりました。

不思議なもので、体が覚えてしまうのか、一度できるようになると、その日からは、いつやってもできるようになりました。

自転車に乗るのもそうです。最初はフラフラして、すぐに転んで膝をすりむいてしまいます。ところが、あるとき、スィーと乗ることができるようになると、その日から毎日、自転車に乗ることができるようになりました。

できないことでも、毎日練習していると、ある日、突然できるようになるものなのです。仕事だってそうです。

できないながらも、なんとか続けているうちに、気がつくとそれなりに仕事をこなすことができるようになります。

もちろん、もっと上手にできる人と比べたらキリがありませんが、**過去の自分と比べたら、格段に上達していますよね。**

「因縁和合《いんねんわごう》」という仏教の言葉があります。

あらゆることは、因と縁とが結びついて生じるということです。

因とは、タネまきのこと。縁とは、環境、きっかけのこと。

がんばってタネまきをしても、結果として現われないときは、まだ縁が来ていないのです。

縁がそろえば、一気に花ひらきますから、それまで焦らず、コツコツ、タネまきを続けましょう。

春になると、満開の花を咲かせる桜も、冬は枯れ木のように、花一つつけていません。春の陽気という「縁」が

まだ来ていないからです。

枯れ木のようだった木も、暖かい日差しに触れると、一斉に花を咲かせます。

世の中には遅咲きであっても、見事な花を咲かせる人がたくさんいます。

遅咲き早咲きの違いはあっても、まいたタネはかならず生えるからです。

一生懸命、がんばってきたことは、その人にかならずタネとなって蓄《たくわ》えられています。

焦らず、慌てず、花を咲かせる暖かい日が差すのを待てばいいのです。

『イソップ寓話』のウサギと亀が教えてくれる大事なメッセージ

精進（努力）の大切さを教えてくれるお話として、昔から読み継がれる寓話《ぐうわ》に、ウサギと亀の話があります。

ウサギと亀が競走をすることになりました。ウサギは亀を馬鹿にして、途中で昼寝をしてしまいます。

亀は、コツコツと休まず前進して、ウサギに勝つことができたという話です。だから、ゆっくりでもコツコツ努力しタネまきをするのが大事だということですが、この話には、もう一つ別の見方があります。

それは、**「亀はゴールを見ていたが、ウサギは亀しか見ていなかった」**ということです。

どういうことかというと、亀はゴールを見ていたので、ゴールに向かって、進み続けることができました。だから、目的地にたどり着くという結果となったのです。

ところが、ウサギは、自分の足の速さを見せつけることしか頭にありませんでした。だから、目的地にたどり着くことができなかったのです。

仏教では、人間の苦しみ迷うありさまを流転輪廻《るてんりんね》といいます。流転も、輪廻も、輪がぐるぐる回るということで、ゴールのないトラックを走り続けるようなことです。

どんなに努力しても、目的が間違っていたら、めざすところにたどり着くということはありません。

逆に、正しい目的に向かっているなら、仮に歩みが遅くても、最後にはかなら

ず、たどり着きます。

努力はとても大切なことですが、その前に何のための努力なのか、それは正しい目的に向かってのことなのかということが、ハッキリしていなければなりません。

もし、がんばっているのに空回りしている、がんばっても進んでいる感じがしないと思ったら、自分は何のために努力をしているのかを、改めて振り返ってみましょう。

自信を育てるには、〝自分との約束〟を守ること

自分は何をやってもダメ、がんばっても続かない、どうせできないと、物事に積極的になることができずに悩んでしまうときがあります。
新しいことに進んで挑戦し、難しい仕事でもあきらめずに前向きに取り組んでいる人を見ると、あの人は自信にあふれていてすごいな、うらやましいなと思います。

どうしたら、自分に自信を持つことができるのでしょうか。

自信とは、自分自身を信じることです。
本書の3章で、相手との約束を守ると、信頼関係が育まれるという話をしまし

たが、**自分との約束を守っていくと、自分への信頼感が生まれてきます。**それが自信です。

自信のない人は、これまでもダメだったから、これからもダメだと思い、弱気になってしまいがち。

これまではこれまでとして、これから小さなことでもいいので、コツコツと成功体験を積み上げていくと、だんだんと自信を持つことができます。

たとえば、朝出社したとき、自分からなるべく気持ちのよい挨拶を言うように心がける。

お世話になったときは、「ありがとうございます」とお礼をきちんと言う。

迷惑をかけたときは、「すみませんでした」とお詫びをしっかり伝えるなど、些細なことでも、自分がやろうと決めたことをきちんと実行していくと、「やればできるのだ」と自信がついていきます。

部屋の掃除を定期的にするとか、毎日10分読みたい本を読むとか、健康のための体操をするというのでもかまいません。

決めたことを続けて実行していくことで、自分自身への信頼を回復していくことができるのです。

ですので、自分に自信を持てないとお悩みの方は、ちょっとしたことでもいいので、決めたことを続けていくことを心がけてみましょう。

そのときに大切なのは、目標はなるべく低く設定すること。

「目標は高く」の間違いではないかと思うかもしれませんが、そうではありません。

最初はなるべくハードルが低く、簡単にできることがよいのです。

なぜか、ものすごく高い目標を自分に設定して、それができずに、自分はダメだと落ち込むという悪循環を起こしている人があります。

自分をよく見せたいために、「できないことでも、できる」と言ってしまうのです。

できない高い目標を設定してしまうと続きませんから、まずは「これなら、間違いなくできる」というものがよいのです。

自分をよく見せたいという心に気をつけて、着実にできる目標を立てて、コツコツ実行していくことが、大切ですね。

「今の連続」が1週間に、1月に、1年になっていく

私たちの意志は弱いもので、「毎日やろうと思うと、気が重くてやる気になれない」と思う人は多いのではないでしょうか。

小学生の子供を持つお母さんから、うちの子がまったく勉強をしたがらない、どうしたらいいのでしょうかという相談を受けたことがあります。

知り合いの方だったこともあり、ご自宅に行って、そのお子さん本人の話を聞くと、

「たくさん勉強しなければいけないと思うと、無理だ〜って思ってやる気が出ない。お母さんに、『勉強しなさい』ってうるさく言われるのも、嫌なんだ」

と話してくれました。

そこで、私は、その子に、

「確かに、毎日たくさん勉強しなくちゃいけないと思うと、大変だよね。じゃあ、たとえば今日の夜だけでいいから、10分だけ、勉強机に向かうことはできるかな」

と聞くと、「それならできるよ」と答えてくれました。

横で聞いていたお母さんが、心配そうにしていたので、

「だいじょうぶです。きっとうまくいきますから。今日の夜、本当に10分机に向かったら、思いっきりほめてあげてください」

と伝えました。

すると、お子さんはその日の夜、お風呂を出た後に、10分だけですが本当に勉強机に向かってくれたので、お母さんは「えらいね」「すごいじゃん」「超かっこ

よかったよ」と、しっかりとほめました。

すると、その子は翌日も、10分だけ勉強机に向かいました。

また翌々日も、10分だけ勉強机に向かいました。

お母さんもそんな変化をうれしく見守り、以前のようにがみがみ「勉強しなさい」とは言わないようになりました。

すると、だんだん、その10分が15分になり、30分になり、時には1時間も勉強するようになったのです。

こうして自然に、お母さんが何も言わなくても、その子は自分で勉強する習慣が身につきました。

何かを始めようというとき、「毎日ずっと続けよう」と意気込む必要はありません。

まず、今だけ、今日1日だけ、やってみるといいのです。

その繰り返しが、気がつけば1月になり、1年になっていくのです。

仏教では、「未来は今が作るもの」と説かれます。

「未来」というものがあるわけではありません。

未来といっても、今、今、今の連続です。

今の私の行ないが、次の私を生み出します。

次の私の行ないが、その次の私を生み出していくのです。

6章

「今、この人生」の素晴らしさに気づくお話

お釈迦さまの「最期の教え」とは

私たちは、こうすればいい、こうしたほうがいいと分かっていても、なかなか行動に移せないものです。

自分でも、よくないからやめようと思っていることでも、これまでの習慣に引っ張られてやめるにやめられなかったり、変わりたいと思っても、変わることを恐れて、行動に踏み出せないものです。

そのうち、なんとかなるのではないだろうか？

今さら、もうやめられない。

どうせ、失敗するから、やるだけ無駄だ。

周りから、おかしな目で見られてしまうのではないか。

そんな恐れや不安が、行動を起こすことを妨げます。


お釈迦さまは、六波羅蜜の最後に、「智慧」を教えられています。

智慧とは、**道理を知る働き**のことです。

まいたタネは、かならず生える。自分の行ないに応じた結果が現われる。

これが、因果の道理です。

この道理が深く知らされれば知らされるほど、自分を苦しめる行ないはやめて、幸せのタネをまこうという気持ちが起きてきますから、かならず、行動につながります。

ですから、智慧とは、**正しい道理をわきまえて、行動する勇気**といってもいいでしょう。


テストの答案でも、正解が分かるのに、答えを書かないという人はありません。

正解が本当に分かったなら、迷わず、解答を書くことができます。

同じように、自分が改めなければならないことは何か、自分がなさねばならないことは何かが本当に分かれば、かならず、実行しようという勇気が湧いてくるのです。

お釈迦さまがお亡くなりになられるとき、これからどうしていけばいいのか分からないと感じた弟子たちは、

「私たちは、これから何をよりどころにしていけばいいのでしょうか？」

とたずねました。

すると、お釈迦さまは、

「私ではなく、これまで私の説いてきた法《ほう》（教え）をよりどころとしなさい。そして、自分自身をよりどころとしていきなさい」

とおっしゃいました。

これはつまり、

「私はすでに、正しい道をあなたたちに教えた。
その教えに従って、一歩踏み出し、歩むのはあなた自身ですよ」

ということです。

正しい道が分かったなら、後は、その恐れを乗り越えて一歩踏み出すだけです。

そして、一歩踏み出すことで世界は大きく変わっていきます。

「変えられない私」はいない。あなたは、今この瞬間も、変わり続けています

落ち込むような出来事が起こったり、周りにいる優れた人と自分を比べてしまったりすると、「どうして私はこうなんだろう」「こんな自分を変えたいのに、変えられない」と思うことがありますね。

そう思っても、こういう自分の性格は生まれつきだから、どうしようもないんだ、とあきらめてはいないでしょうか。

でも本当に、「この私」「私の性格」は、絶対に変わらないものなのでしょうか。

お釈迦さまは、「固定不変《こていふへん》の私というものは存在しない」と教えられました。

固定不変とは、最初から決まっていて、ずっと変わらないという意味です。

「変わらない私はない」のですから、「私」というものは、常に変わり続けているのです。


「私」というものは、日々の中で、移ろい、かならず変化しています。

ほんの少しずつの変化なので、その自覚はないかもしれません。

けれど、長い時間が経ってみると、確かに自分は変わったのだということが分かります。


たとえば、昔は人前に出るのが苦手だったけれど、仕事で人前で話すことを重ねるうちに、まったく苦にならなくなったということもあるでしょう。

自信がなく、消極的な性格だと思っていても、小さな成功体験を積み重ねることで、なんでもチャレンジできる積極的な性格に変わるということもあります。

私たちが「性格」といっているものの多くは、日々の行動が、習慣化したものではないでしょうか。

ポジティブな考え方・ネガティブな考え方も、その人の毎日の思考が癖になったものだといえます。

物事を前向きに、明るくとらえることを心がけていけば、次第にそれが習慣になりますから、明るい性格になります。

逆に、物事を悪いほうにばかり見ていくと、そういう見方が身についてしまいます。

「性格」だと思われているものは、いってみれば「考え方の癖」なのです。

違った視点から物事を見てみたり、自分とは違う発想に触れたりすることによって、変えていくことができます。

「行《ゆ》く川のながれは絶えずして、しかも本《もと》の水にあらず」という言葉が古典の中にあるように、流れている川の水は、絶えず変化していて、ほんの数秒前とも同じではありません。

私たちの体を構成している物質も、数年周期で、完全に入れ替わるといわれています。
物質的にも、数年前の私たちと今の私たちは、違う物質でできていることになります。

ですから、毎日、気がつくか気がつかないかの少しずつですが、人は常に変化し続けているのです。
あなたというひとりの存在も、日々をどう過ごすかによって、日々変わり続けています。

変わらない私もないし、変われない私もないのです。

大切な人との「分かり合えない部分」はどこですか

寂しさとは、どんな人も抱える共通の苦しみです。

どんなにたくさん友達がいる人でも、ふと時折、むなしさを感じたり、孤独を感じたりするものです。

お釈迦さまは、

「私たちは、一人ひとりのこれまでの行ないや経験が生み出した世界に生きている。だから、みんなひとりぼっちで苦しんでいるのだよ」

とおっしゃっています。

育った環境、生い立ちや経験は、一人ひとりまったく違いますから、同じものを見ても聞いても、一人ひとり感じ方や受け止め方は変わってきます。ですから、どんなに親しくなっても、分かり合えない部分がかならずあります。

あるご夫婦から、お悩みの相談を受けたことがありました。

このご夫婦は、とても素敵なカップルで、いつお会いしても幸せそうなのですが、最近、仕事のことで意見が合わず、ケンカになってしまうというのです。

旦那さんの話を聞くと、

「自分は子供の頃、家が貧しくて、お金に苦労した。

だから今、働けるだけ働いて、妻や子供には、お金のことで絶対に苦労させたくないんだ。なのに妻は、もっと早く家に帰ってこいとか、土日は家族のための時間にしてほしいと言うんだ。

おれだって、妻や子供と一緒にいたいけど、生活のことを思うとゆっくりしてもいられないんだよ。なのに妻は全然、おれの気持ちをわかってくれないんだ」

とおっしゃいました。

次に、奥さんの話を聞くと、

「私は子供の頃、両親が忙しくて、いつもひとりで留守番をしていて、とても寂しかったんです。お金のことは、やりくりすればなんとかなります。子供にも寂しい思いをさせたくない。無理して働かなくていいから、一緒にいてって言っているんですけど、分かってくれなくて」

と言われました。

この二人は、お互いに幸せな家庭を築きたいと思っているのに、それぞれの思いが分からず、「どうして分かってくれないんだ」とすれ違って苦しんでいたのです。

三木清《みききよし》という有名な哲学者は、

「孤独は山になく、街にある。

一人の人間にあるのではなく、大勢の人間の『間』にある」

といいました。

山にひとりでいるのも寂しいことですが、人との関わりの中で感じる、分かり合えないすれ違いこそが、本当の孤独なのだという意味です。

浅いつきあいでは、分かり合えないことが気にならなくても、深くつきあっていけばいくほど、分かり合えないすれ違いに傷つくものです。

「どうして分かってくれないの」と寂しい気持ちになることもありますが、これは相手の努力不足というよりも、人間である以上どうしようもないことです。

「人間は分かり合えないもの」ということを認めることは、寂しくつらいことだと思うかもしれません。

しかし、本当に相手とのよい関係を築くには、これを受け入れることがとても大切なのです。

そこで、先ほどのご夫婦に、それぞれの気持ちを伝えました。

すると、旦那さんは、「妻の両親は忙しかったということは知っていたけれど、そんなに寂しい思いをしていたとは、知らなかった」

奥さんは、「夫が、お金のことで苦労してきたことは知っていたけれど、そんな思いでがんばってくれているとは、分かっていませんでした」

そして、お二人とも、「たいていのことは、お互い分かっていると思っていましたが、分かっていなかった部分もあることに、改めて気づきました。もっとよく夫婦で話し合わなければなりませんでしたね」

とおっしゃいました。

どうして分かってくれないのとお互いを責めていたお二人が、もっと、お互いを知ろうという気持ちに変わったのです。

「どんなに親しくても分かり合えない部分がある」ということを認めてしまうと、すれ違いが起きても、他人なんだもの仕方がない、もしかしたら相手にも同じ思いをさせているかもしれないと思うことができます。

すると、相手を責める気持ちも和らぐものです。

そして、もっとよく相手を知ろうという前向きな気持ちになれます。

国際結婚をした知人に聞いた話ですが、海外の人と結婚すると、意見の相違でケンカになることがあまりないそうです。なぜなら、最初から分かり合えないことが前提になっているからだとのことです。

日本人同士だとどうしても、これぐらいは分かっているでしょう、という思いがあって、それをお互いに押しつけて、ケンカになることが多いのではないでしょうか。

「分かってくれない」とお互いを傷つけるのではなく、「分かり合えないのだな」と、少しでも理解していくための努力を、お互いにしていきたいですね。

「つらい出来事」の扱い方で、これからが変わっていく

私たちは、過去の悲しい出来事やつらい思い出を、長く引きずってしまうことがあります。

「どうして、あんなことになったのだろう。なんであんな目にあったのだろう」と過去を悔やみ続けることもあるでしょう。

そんなときは、どうしたらよいのでしょうか。

お釈迦さまは、「過去は、現在におさまる」と説かれています。

過去というものがどこかにあるわけではありません。過去とは、現在の私の記憶の中にあります。

もし私が今、その過去の記憶を、苦しくつらいものだと思えばそれは、つらい過去の記憶になります。今の自分にとって意味ある大事なものだと思えば、意味深いものになるでしょう。

突き詰めていうと、**「つらい過去」があるわけではありません。**
「過去の出来事をつらいと思っている今」があるのです。

交通事故で、幼い子供を残して、旦那さんが亡くなった30代の女性とお話ししていたときのことです。

事故の原因は、相手の一方的な過失ともいえるものだったそうです。

旦那さんを奪われた悲しみと怒りで、一時は正気を失うほどの状態だったその方は、失意の中からなんとか立ち直ろうとされながらも、苦しまれていたのでした。

「どうして彼は、こんなに若くして死なねばならなかったのでしょうか」

涙ながらに訴えてこられるその方に、私は次のように問いかけてみました。

「本当に悲しいことです。それだけ、あなたは旦那さんを愛しておられたのですね。

もし、あなたが結婚する前に、旦那さんが今の若さで亡くなることを知っていたら、それでもあなたは結婚しましたか？」

しばらくうつむいて沈黙が続いた後、パッと顔を上げて、その女性は言いました。

「はい、それでも彼を選んだと思います」

「そうですか、そんな素敵な人と出会えたんですね」

と声をかけると、その女性は涙ながらに、

「はい、彼と会えたこと、そして2人の子供を授《さず》かったことが、本当に幸せでした」

と答えてくれました。

しばらくして、再びお会いしたとき、

「彼を失った寂しさは変わりません。けれど、寂しければ寂しいほど、彼のことを愛していたんだ、そんな人と出会えたんだと思うと、そばにいてくれるような気がするんです」

と、以前よりもずっと明るい表情で答えてくれました。

その方は、別れの悲しみを、それだけ愛する人と出会えた幸せとして受け止めることで、生きる力にすることができたのです。

私たちの人生には、時に、避けられないつらい過去や思い出があります。起きてしまった出来事を、変えることは誰にもできません。ですが、その出来事をどう受け止めるかは、変えることができます。

その事実を、意味あるものと受け止めることができれば、つらかった過去の出来事でも、あなたを生かす力になるのです。

今、一輪の花が咲いているのも、数え切れない「縁」の結果です

自分のがんばりや努力を認めてもらえなかったり、自分の気持ちや悩みを分かってもらえなかったとき、私たちは、ひとりぼっちだと孤独を感じます。

自分なんていなくてもいいんだと、落ち込むこともあります。

お釈迦さまは、人間は分かり合えず孤独かもしれないが、誰ともつながりがなく孤立している人はいないのだよとおっしゃっています。

この世界にいるどんな人も、かならず誰かと何かでつながり、互いに支え合っているのです。

このことをよく知ると、確かに人間同士分かり合えない寂しさはあるけれど、

ひとりぼっちではないと分かります。

仏教では、つながりのことを「縁」というと、すでにお話ししましたね。

そして、あらゆる物事は、つながりの中で生じ、起きますから、これを「縁《えん》起《ぎ》」といいます。

この縁起について、お釈迦さまは次のようにおっしゃっています。

此《これ》が有れば彼《かれ》が有り、此が無ければ彼が無い。

これだけだとなんのことか分かりませんから、一つの例でお話ししましょう。

ある島に一輪の花が咲いています。この花はどうしてそこに咲いているのでしょうか？

それは、花のタネがあったからです。では、タネは一体どうして、そこにあったのでしょうか?

それは、渡り鳥が果実をついばんで、そこにタネを落としたからです。

ではどうして、小鳥はその島にやってきて果実をついばんだのでしょうか。

島を取り巻く気候や、潮《しお》の流れによって、渡り鳥はその島に立ち寄ることになったのです。

先ほどのお釈迦さまの言葉に合わせてみていきますと、潮の流れや気候があるから、鳥が島に来る。

鳥がいるから、果実をついばむ。

果実をついばむから、そこにタネを落とし、タネを落としたから、そこに一輪の花が咲いたということです。

どれ一つ欠けても、その花はそこに咲いてはいなかったでしょう。

このように、一輪の花が咲いているといっても、さまざまなつながりがあってのことで、つながりのどれ一つ欠けても、花は咲きませんでした。

私たちもまったく同じで、気がつくか気がつかないかの違いだけで、数えきれないつながりの中に今を生きています。

スタンレー・ミルグラムという心理学者が提唱した仮説によれば、人間は世界中の誰かと平均6人を介《かい》してつながっているといいます。最近は、SNSの普及により、4・5人ともいわれています。

平均4人から6人を介せば、世界中の誰とでもつながっているということ

ですね。

目に見えるつながりもありますし、気がつかないつながりもあるでしょう。

しかし、どんな人も、誰かと何かでつながっています。

そして、小鳥のついばみが、一輪の花を咲かせたように、あなたの存在や行動が、誰かの何かを支えているのです。

「ありがとう」に込められた雄大なメッセージ

「ありがとう」という言葉は、もともと、「有り難し」が語源になっています。この「有り難し」は、仏教に由来する言葉です。

お経の中に、
「人の生を受くるは難《かた》く、いま生命あるは有り難し」
というお言葉があります。

私たちが人間に生まれるということは大変、難しいことだ。そして、今、生きているということは、大変、有り難いことだということです。

人間に生まれることはいかに難しいことかを、お釈迦さまは、次のようなたとえで教えられています。

これは、盲亀浮木《もうきふぼく》のたとえといわれる有名なお話です。

お釈迦さまがあるとき、阿難という弟子に、

「お前は、人間に生まれたことをどれぐらい有り難いことと思っているのか」

とたずねられました。

返答に困っている阿難に、お釈迦さまは、一つのたとえを説かれました。

「果てしなく広がる海の底に、目の見えない亀がいる。

その盲亀は、100年に1度、海の上に顔を出すのだ。

海の上には、1本の丸太が浮いている。丸太は風のまにまに、波のまにまに、西へ東へと漂っているのだ。

その丸太の真ん中には、ちょうど亀の頭ほどの穴が、開いている。

阿難よ、100年に1度、浮かび上がるこの亀が、浮かび上がった拍子に、ひ

ょいとこの丸太の穴に、頭を入れることがあると思うか？」

聞かれた阿難は、驚いて、

「お釈迦さま、そんなことはとても考えられません」

と答えました。

「絶対にないと言い切れるか」

とお釈迦さまが聞かれると、阿難は、

「何億年×何億年、何兆年×何兆年の間には、ひょっとしてあるかもしれませんが、ないといってもいいぐらい難しいことです」

と答えます。するとお釈迦さまは、

「よいか阿難よ。

私たちが人間に生まれるということは、この亀が、丸太の穴に頭を入れることがあるよりも、難しいことなんだ、有り難いことなのだよ」

とおっしゃったといわれます。

「有ることが難しい」と書いて、有り難いといいます。
あなたがこの世に生まれ、生きているということは大変、有ることが難しい、有り難いことなのです。

両親が出会わなければ、どこかですれ違っていたら、今の自分はここにいなかったでしょう。何かの歯車が少しずれていただけで、あなたはこの世に存在しなかったかもしれません。

そう考えると、この世に生まれ、今生きているということは、大変、ありがたいことなのです。

「ありがとう」という言葉は、ここから由来しているといわれます。

この**「ありがとう」という言葉は、単に何かをしてくれたことへの感謝だけではなく、あなたがここにいることそのものを喜び、ことほぐ言葉なのです。**

生まれてくれて、ありがとう。
ここにいてくれて、ありがとう。
その人の存在そのものに、有り難いと感謝する言葉ですね。

ですから、そばにいる人に、大いにこの言葉をかけていきましょう。
そうすることで、あなた自身の世界が幸せに満たされていきます。

あなたの中に、「大宇宙のすべて」がおさまっているのです

どんな人も、誰かと何かでつながっている。だから、ひとりぼっちな人は誰もいないとお釈迦さまは教えられているとお話ししました。

このつながりをずっと広げていくと、果てしない過去と、果てしない未来にまでつながり、そして大宇宙の隅々にまでつながるのだとも教えられています。

「**ケシの実に大千世界《だいせんせかい》を入れても狭からず、広からず**」とお釈迦さまはおっしゃっています。ケシ粒に大宇宙がスッポリおさまるということです。

小さいケシ粒に大宇宙がそのままおさまるなんて、普通に考えればありえない

ことです。では、なぜ、お釈迦さまは、そのようにおっしゃったのでしょう。

ここに一粒のケシ粒があります。

このケシ粒があったということは、親のケシの花があったということです。親のケシの花があったということは、その親のケシの花があったということです。その親のケシの花があったということは、その親の親のケシの花があったということです。これをどんどんたどっていくと、きっと宇宙の始まりまで行きつくことでしょう。

その中のどの代のケシの花が欠けても、このケシ粒は今、ここにはありませんでした。

今ここにあるケシ粒には、果てしない過去から、この今に至るまでのすべての歴史がおさまっていることになります。

次に、そのケシ粒は、やがて芽を出し、花を咲かせます。その花は実となり夕ネを落とします。そのタネはまた実を結び、新たなタネを大地にまくでしょう。

このように今、ここにあるケシ粒から、未来にわたってどれだけの新たなケシの花を咲かせていくか分かりません。

もし、今、ここにあるケシ粒がなくなってしまえば、未来に花を咲かせただろうケシの花は、決して現われることがないのです。

ですから、**今、ここにあるケシ粒に、未来に生じるあらゆる可能性がおさまっています。**

そして、今、ここにケシ粒が存在できるのは、大地があるからです。空があるからです。水があるからです。では、大地、水、空がなぜ存在するかというと、この地球があるからです。

しかし、地球といっても、月やその他の惑星、太陽との絶妙な距離によって、生命が育まれる環境になっています。

では、その太陽系はどうして存在するのかというと銀河系があるからで……と広げていくと、ケシ粒の存在を大宇宙が支えているということになります。

ケシ一粒に、果てしない過去と、永遠の未来と、大宇宙がおさまっているから、「ケシの実に大千世界を入れても狭からず、広からず」とお釈迦さまはいわれています。

これは、ケシの実だけではありません。

私たちの命もそうです。

今、あなたが生きているということは、両親、祖父母……と先祖代々、数えきれない命のバトンがあったからです。

誰ひとり欠けても今、あなたはここにいませんでした。

あなたが、呼吸をし、大地を踏むことができるのは、大気があり、水があり、大地があるからです。大宇宙があるからこそ、この大地を踏むことができるのです。

ですから、**あなたが今、ここに生きているということに、大宇宙のすべてがおさまっているのです。**

苦しいとき、寂しいとき、こんなに苦しいなら、生まれてこなければよかったと、自分を否定してしまいたくなることがあるかもしれません。

けれど、**あなたという存在は、大宇宙と、その歴史と未来が全部おさまっているかけがえのない存在なのだよと、お釈迦さまはおっしゃっているのです。**

本書は、本文庫のために書き下ろされたものです。

心《こころ》が「ほっ」とするほとけさまの50の話《はなし》

著者　岡本一志（おかもと・かずし）
発行者　押鐘太陽
発行所　株式会社三笠書房
〒102-0072 東京都千代田区飯田橋3-3-1
電話　03-5226-5734（営業部）03-5226-5731（編集部）
http://www.mikasashobo.co.jp
印刷　誠宏印刷
製本　ナショナル製本

 ISBN978-4-8379-6855-9 C0130

王様文庫

王様文庫

時間を忘れるほど面白い 人間心理のふしぎがわかる本

清田予紀

なぜ私たちは「隅の席」に座りたがるのか――あの顔、その行動、この言葉に〝ホンネ〟があらわれる！　◎「握手」をするだけで、相手がここまでわかる◎よく人に道を尋ねられる人の特徴◎いわゆる「ツンデレ」がモテる理由……「深層心理」が見えてくる本！

本当は怖い日本史

堀江宏樹

「隠された歴史」にこそ、真実がある。◇坂本龍馬を暗殺した〝裏切り〟の人物　◇亡き夫・豊臣秀頼の呪いに苦しみ続けた千姫　◇島原の乱を率いた「天草四郎」は、架空の存在？……本当はこんなに恐ろしい、こんなに裏がある！　日本史の〝深い闇〟をひもとく本！

ちょっとだけ・こっそり・素早く「言い返す」技術

ゆうきゆう

仕事でプライベートで――無神経な言動を繰り返すあの人、この人に「そのひと言」で、人間関係がみるみるラクになる！　＊たちまち形勢が逆転する「絶妙な切り返し術」　＊キツい攻撃も「巧みにかわす」テクニック……人づきあいにはこの〝賢さ〟が必要です！

K30446

王様文庫

夜、眠る前に読むと心が「ほっ」とする50の物語

西沢泰生

「幸せになる人」は、「幸せになる話」を知っている。○看護師さんの優しい気づかい○アガりまくった男を救ったひと言　○お父さんの「勇気あるノー」○人が一番「カッコいい」瞬間……〝大切なこと〟を思い出させてくれる50のストーリー。

眠れないほどおもしろい「日本の仏さま」

並木伸一郎

仏の世界は、摩訶不思議！　◆人はなぜ「秘仏」に惹かれるのか　◆霊能力がついてしまう「真言」とは？　◆なぜ菩薩は、如来と違ってオシャレなのか……etc.　空海、日蓮、役行者など仏教界のスター列伝から仏像の種類、真言まで、仏教が驚くほどわかるようになる本。

いいことがたくさん起こる！「ひとり」坐禅

寺澤善雄

身も心も完全リフレッシュ！　ただ「坐る」だけで、眠っていた力が引き出される！　★姿勢がよくなる　★呼吸が深くなる　★頭の中がスッキリ　★感情が安定する　★自信が持てる　★自然と夢がかない始める……「ひとり」坐禅は楽しい、気持ちいい、元気になる！

K30447